Jacques René Tjomp

La recette pour gagner une place dans le coeur de Dieu

Jacques René Tjomp

La recette pour gagner une place dans le coeur de Dieu

Quel chemin faut-il suivre pour jouir du bonheur que procure la présence de Dieu?

Éditions Croix du Salut

Impressum / Mentions légales
Bibliografische Information der Deutschen Nationalbibliothek: Die Deutsche Nationalbibliothek verzeichnet diese Publikation in der Deutschen Nationalbibliografie; detaillierte bibliografische Daten sind im Internet über http://dnb.d-nb.de abrufbar.
Alle in diesem Buch genannten Marken und Produktnamen unterliegen warenzeichen-, marken- oder patentrechtlichem Schutz bzw. sind Warenzeichen oder eingetragene Warenzeichen der jeweiligen Inhaber. Die Wiedergabe von Marken, Produktnamen, Gebrauchsnamen, Handelsnamen, Warenbezeichnungen u.s.w. in diesem Werk berechtigt auch ohne besondere Kennzeichnung nicht zu der Annahme, dass solche Namen im Sinne der Warenzeichen- und Markenschutzgesetzgebung als frei zu betrachten wären und daher von jedermann benutzt werden dürften.

Information bibliographique publiée par la Deutsche Nationalbibliothek: La Deutsche Nationalbibliothek inscrit cette publication à la Deutsche Nationalbibliografie; des données bibliographiques détaillées sont disponibles sur internet à l'adresse http://dnb.d-nb.de.
Toutes marques et noms de produits mentionnés dans ce livre demeurent sous la protection des marques, des marques déposées et des brevets, et sont des marques ou des marques déposées de leurs détenteurs respectifs. L'utilisation des marques, noms de produits, noms communs, noms commerciaux, descriptions de produits, etc, même sans qu'ils soient mentionnés de façon particulière dans ce livre ne signifie en aucune façon que ces noms peuvent être utilisés sans restriction à l'égard de la législation pour la protection des marques et des marques déposées et pourraient donc être utilisés par quiconque.

Coverbild / Photo de couverture: www.ingimage.com

Verlag / Editeur:
Éditions Croix du Salut
ist ein Imprint der / est une marque déposée de
AV Akademikerverlag GmbH & Co. KG
Heinrich-Böcking-Str. 6-8, 66121 Saarbrücken, Deutschland / Allemagne
Email: info@editions-croix.com

Herstellung: siehe letzte Seite /
Impression: voir la dernière page
ISBN: 978-3-8416-9866-7

La recette pour gagner une bonne place dans le cœur de Dieu

Par Pasteur Jacques René TJOMP

Table des Matières

	Textes	Thèmes	pages
1.	Matthieu 28 :11-20 ; Matthieu 11 :2-6	**Sommes-nous à l'image du Christ qui est venu ou faut-il que le monde attende d'autres envoyés ?**	**5**
2.	Ecclésiaste 1 : 1- 3 ; Philippiens 3 : 7 – 8	**Le présent prépare l'avenir**	**14**
3.	1 Rois 21 ; Apocalypse 2 ; 18 – 29	**Fais attention à l' « esprit Jézabel » qui détruit !**	**23**
4.	Luc 7, 1 – 10	**Mérites-tu la miséricorde de Dieu ?**	**29**
5.	Marc 2:13-14	**Un appel chrétien et une réaction chrétienne changent tout !**	**34**
6.	Marc 2:15	**Les actes d'une nouvelle créature en Christ**	**39**
7.	Marc 2:16	**Les « pourquoi » du non chrétien**	**44**
8.	Marc 2:17	**Profite de la présence du médecin Jésus**	**49**
9.	Actes des Apôtres 1 : 8 ; 3 : 1- 11	**Mettre fin à une infirmité**	**54**
10.	Luc 14 :7-14	**La recette pour gagner une bonne place dans le cœur de Dieu**	**63**
11	Luc 19 :29-35	**Comment prépares-tu ton entrée dans la maison de Dieu ?**	**68**

1. SOMMES-NOUS A L'IMAGE DU CHRIST QUI EST VENU OU FAUT-IL QUE LE MONDE ATTENDE D'AUTRES ENVOYES ?

Lecture biblique : Matthieu 28 :11-20 ; Matthieu 11 :2-6

<u>Thème</u> : **Sommes-nous à l'image du Christ qui est venu ou faut-il que le monde attende d'autres envoyés ?**

INTRODUCTION

La communauté chrétienne mondiale célèbre la fête de Pâques. Je voudrais qu'ensemble, et à la lumière de cet événement, nous puissions tirer des enseignements des deux textes qui viennent d'être lus. Nous allons nous appuyer d'une part, sur l'envoi des disciples en mission lorsque Jésus le Ressuscité leur dit : *« Allez ...»* et d'autre part, sur la réponse qu'il envoie à Jean quand il dit : *« les aveugles voient et les boiteux marchent, les lépreux sont guéris et les sourds entendent, les morts ressuscitent et la Bonne Nouvelle est annoncée aux pauvres »* Le thème que je vous propose pour guider nos réflexions est le suivant :

SOMMES-NOUS A L'IMAGE DU CHRIST QUI EST VENU OU FAUT-IL QUE LE MONDE ATTENDE D'AUTRES ENVOYES ?

Pour développer ce thème et mieux le comprendre, il nous importe de cerner **le contexte de l'envoi en mission.** Comment se présente t- il ? Trois éléments du passage lu dans Matthieu 28 peuvent être retenus : l'existence de la vérité, le travestissement de cette vérité ou la dénaturation de la réalité, le pouvoir de l'argent.

1. L'existence de la vérité

La vérité est peut être relative mais, d'une manière simple, elle est une adéquation entre ce qui est dit et ce qui est fait , une conformité entre le témoignage et l'objet du témoignage. Dans notre texte, la vérité, c'est la résurrection de Jésus-Christ. Oui, il est ressuscité ! Il a dit de son vivant : *« Après trois jours, je ressusciterai ! »* Des paroles qui ont fait peur aux grands prêtres et aux pharisiens, au point qu'ils ont demandé à **Pilate** de faire garder la tombe de Jésus. Ce qui a été fait non seulement par la pierre qui a scellé le sépulcre, mais aussi par la présence des soldats qui ont assuré la garde. Ce sont ces soldats qui, avec les deux Marie, ont été les témoins de l'acte de la résurrection. Ce ne sont, ni eux, ni les femmes qui ont fait rouler la pierre, mais l'Ange du Seigneur. C'est ces soldats, avec les deux Marie, qui ont suivi en direct, les paroles d'annonces de la résurrection de Jésus. Ces soldats savaient donc la vérité. C'est cette vérité qu'ils ont rapporté aux grands prêtres, parce qu'ils l'ont vécu, parce qu'elle existe.

2. Le travestissement de cette vérité ou la dénaturation de la réalité

Parce qu'elle existe, la vérité fait peur à tous ceux qui affirment son contraire et à ceux qui sentent leurs intérêts menacés. Elle mobilise des énergies, des forces et des moyens contre elle. Les grands prêtres sont en face de la vérité : Jésus est mort comme ils le voulaient mais il est ressuscité de la mort comme il l'a lui-même annoncé. Ceci est très grave pour eux, parce qu'ils vont perdre tout crédit aux yeux des juifs et que l'opinion risque se retourner contre eux. Alors, ils tiennent une réunion avec d'autres anciens pour trouver une solution : L'argent ! Et beaucoup qu'ils donnent aux soldats avec une consigne : **dites**. Ce qui se traduit par ceci : *« vous avez vu, vous savez, mais nous vous demandons d'oublier tout* *cela et de dire ceci... »* Une mission que les soldats ont rempli avec efficacité puisque l'histoire qu'ils ont raconté *« s'est colportée parmi les juifs jusqu'à ce jour »* La vérité a donc été changée, dénaturée en fonction des intérêts et des moyens mis en jeu.

3. Le pouvoir de l'argent

L'argent roi, le moyen sûr pour   tirer d'affaire. Le meilleur moyen pour tuer l'éthique et acheter des consciences. Argent comme finalité et non comme moyen dans l'existence humaine. Au point de troubler le rôle et le fonctionnement des structures sociales. Oui, son pouvoir s'est exercé sur les grands prêtres et sur les soldats. Des prêtres qui, incapables de saisir la présence de Dieu qu'ils étaient censés servir, et surtout son action pour le salut de l'humanité par la personne de Jésus-Christ qu'ils n'ont pas pu reconnaître, ont protégé leur statut social en donnant de l'argent aux soldats. Des soldats qui eux, ont oublié leur rôle social, eux qui savaient la vérité mais qu'ils ont accepté corrompre pour de l'argent.

Chers frères et sœurs en Christ, le contexte dans lequel Jésus-Christ a confié la mission à ses disciples, est donc un contexte où le mal sévissait, un contexte où les structures sociales temporelles et spirituelles étaient atteintes par le péché bref, un contexte caractérisé par la corruption avec tout ce qu'elle engendre. Notre société et le monde d'aujourd'hui en sont-ils éloignés ?

Considérons à présent :

4. La mission des disciples.

La lecture de **Matthieu 28 : 17** révèle que la corruption soulignée plus haut a atteint les rangs des disciples. Le texte nous dit que **« Mais, quelques-uns eurent des doutes».** Il est normal de croire que la propagande des soldats aie fait son effet même dans l'équipe des disciples de Jésus. Sur un autre registre, cette mission comporte quatre impératifs. Les verbes *aller, faire, baptiser, et enseigner* sont des verbes de mouvements utilisés à l'impératif qui est un temps hors de l'indicatif. Ces verbes n'expriment donc pas par eux-mêmes le moment de l'action, mais plutôt son aspect. La mission des disciples ne s'est donc pas arrêtée ce jour - là, mais elle continue dans le temps, de générations en générations, avec ses quatre exigences : exigence de mouvement, exigence de reconnaissance, exigence d'intégration et exigence de communication.

➢   *L'exigence de mouvement* parce que Jésus dit : « Allez » Ce qui caractérise la vie, c'est le mouvement. Le christianisme est une religion de voyage. Si les disciples cessent de se déplacer, comment pourront- ils porter la Bonne Nouvelle à ceux qui ne l'ont pas encore entendu ? Lorsque que le cœur d'un homme s'arrête de battre pour toujours, sa vie aussi s'arrête. Sans mouvement, l'on ne doit plus prétendre être chrétien. La vie du chrétien, la vie de l'Eglise sont des vies de mouvements.

➢   *L'exigence de la reconnaissance de l'identité de l'autre* parce que **Jésus dit « Faites de toutes les nations des disciples».** Jésus était un juif. Matthieu qui relate cette séquence de sa vie l'était également. Or le peuple juif s'était toujours considéré comme le peuple élu de Dieu auquel seul, appartient le salut. Cependant, par cet acte, Jésus a reconnu qu'au-delà des frontières juives, il existe d'autres nations. Son acte est une reconnaissance de l'identité de l' *« autre »,* de celui qu'il appelle *« le prochain ».* C'est un acte qui oblige le disciple à accepter le face à face avec l'inconnu, de reconnaître celui qui est en face comme un semblable et non comme un objet, comme un être doué d'une intelligence et non comme un animal voué à l'adaptation ou à l'assujettissement.

➢   *L'exigence d'intégration* parce que Jésus dit « Baptisez-les ». Le baptême est un acte d'intégration. L'acceptation d'un face à face n'étant qu'un jalon, il importe dans la pédagogie de l'amour de Dieu, de passer à la phase de l'intégration qui ne peut être à sens unique, chacun devant s'ouvrir à l'autre.

➢   *L'exigence de communication* parce que Jésus dit « Enseignez ». Il n'y a pas de véritable intégration sans communication, sans dialogue. L'observance des prescriptions de Jésus impose aux disciples de plonger dans le domaine de l'enseignement et celui de la communication.
Ces exigences sont-elles remplies ?

Chers frères et sœurs en Christ,

➢   *Quelle réponse*   pouvons-nous donner à cette question dans un monde où violence, viols, insécurité, attentats, massacres, génocides, immigration, famine, non-respect de la vie et de la dignité humaines sont les repères pour des milliers de personnes ?

➢   *Quelle réponse*   devons-nous donner à cette question dans un monde où, du Nord au Sud et de l'Est à l'Ouest de la planète, s'élèvent les cris des femmes, des enfants et ceux   familles entières qui ont perdu un être cher, les cris des personnes qui meurent de faim, les cris de ceux qui manquent d'un toit ou d'une vie décente, les cris de ceux qui n'ont pas accès au moindre soin de santé primaire, les cris de ceux qui souffrent de l'injustice et qui n'ont droit dans leur existence, qu'aux non droits ?

➤ ***Quelle réponse*** devons-nous donner à cette question dans un monde où la réalité est faite de sang éclaboussé sur le sol, sur les murs ou sur les tôles des voitures ou des chars ; du sang, oui, mais aussi des morceaux de bras, de mains, de jambes ou des corps déchiquetés sous l'impact des grenades, des obus, des balles, et que sais-je encore... ?

➤ ***Quelle réponse*** devons-nous donner à cette question dans un monde où des personnes sont contraintes de braver les intempéries et les dangers de toutes sortes, cachées dans des cales de bateaux, dans les soutes à bagages d'avions, dans les trains, dans les camions, ou alors à pied tout ceci, au péril d'une vie qu'elles veulent préserver, parce qu'elles veulent tout simplement ...vivre, je dirais plutôt survivre, parce que c'est le seul choix qui leur reste ?

➤ ***Quelle réponse*** devons-nous donner à cette question dans un monde où certains peuples se considèrent comme modèle, échantillon, ou norme universelle d'être, de savoir et de savoir-faire, en regardant et en traitant les autres comme des déchets, des balayures et de la barbarie ?

Chers frères et sœurs en Christ, si des efforts sont faits dans le sens de ces exigences, l'humilité interpelle à reconnaître que beaucoup reste à faire pour une nouvelle naissance à la lumière de celle de la fête pascale dont je voudrais à présent rappeler le sens dans la vie chrétienne.

5. Qu'est-ce que la Pâques ? Quel sens peut-elle avoir pour le chrétien d'aujourd'hui ?

Historiquement, la fête de Pâques est une fête d'origine juive dont les juifs eux-mêmes ont tiré des aspects dans le milieu de leur époque. Il faut savoir qu'au printemps, avant de quitter les campements d'hiver pour les pâturages d'été, il était de tradition pour les nomades *d'offrir en sacrifice un agneau d'un an à la divinité, afin qu'elle protège et sauve leur bétail des dangers du désert.*

Pour les juifs, en voyant le signe du sang, Dieu a **« ignoré »** leurs portes, il est **« passé »,** ce dernier mot qui correspond à l'hébreu *pasah* que certains rapprochent du nom de la fête, *pesah.*

La fête pascale est ainsi devenue traditionnelle pour les israélites qui ont commencé dès lors, à se rendre à Jérusalem chaque année pour *commémorer l'action de celui qui les a délivrées de l'esclavage en Egypte. Cette fête, Jésus l'a célébrée avec ses disciples à sa façon, se substituant à l'agneau pascal juif, et aux herbes amères, son corps devenant le symbole du pain et son sang le symbole du vin.*

La fête de Pâques est donc *une fête de contestation et une fête de libération.* Parce que Dieu est intervenu pour contester l'ordre coupable établi par l'homme. Un ordre qui en raison du travail idolâtré et des gains en perspective, de la loi mal comprise ou de la religion mal vécue, aboutit à l'assujettissement, à l'esclavage, à l'impuissance, à la négation et au refus de la reconnaissance de l'autre comme un être qui mérite le respect et la dignité ; pour contester un ordre où tout devient moyen d'oppression, qu'il ne peut supporter et dont il veut affranchir son peuple. Oui, Pâques c'est la fête de Dieu qui donne à tous ceux qui ont la vie écrasée, la possibilité de rebondir dans la liberté. Si cette fête se célèbre dans la joie, c'est parce qu'elle oriente les esprits et les cœurs vers une libération : la libération définitive du Mal.

« Es-tu celui qui doit venir où devons-nous en attendre un autre ?» Tel le prophète Jean Baptiste en prison, s'adressant à Jésus par des intermédiaires, l'humanité pose des questions aux politiques, l'humanité pose des questions aux gouvernements et formes de gouvernements, l'humanité pose des questions aux partis politiques, l'humanité pose des questions aux institutions sociales, l'humanité pose des questions aux religions et particulièrement, à l'Eglise Chrétienne. Et ceux qui posent des questions s'attendent non à de beaux discours, mais à des actes. L'humanité met l'Eglise, les pasteurs et les chrétiens que nous sommes à l'examen aujourd'hui. Ce que l'humanité attend de nous comme disciples du Christ, ce sont des gestes et des actes qui s'inscrivent dans la perspective de la libération des pauvres et des opprimés.

Au milieu de la montée de la violence, dans le cadre des quatre exigences de sa mission, l'Eglise doit rappeler sans cesse à tous et à elle-même,

➤   que la méconnaissance véritable de l'humanité en l'autre, notre semblable, notre prochain, conduit au réductionnisme, à l'annihilation, aux attentats, aux suicides et à la violence tout court contre soi et/ou contre notre prochain ;

➤   que toute communication et tout dialogue à sens unique, que ce soit entre nations, entre individus, entre mari et femme, entre parents et enfants, ou simplement entre jeunes, est une communication porteuse de danger parce que le refus de reconnaissance de l'autre comme *« être créé selon la volonté de Dieu »* est une véritable aliénation , une dénaturation de la réalité humaine voulue par Dieu.

CONCLUSION

A chaque fête de pâques, l'Eglise chrétienne entre dans un nouveau temps de défi. De sa prise de conscience par rapport aux quatre exigences de la mission universelle de Jésus et en face de la montée de la violence à plusieurs vitesses, dépendra son avenir dans un monde qui pose des questions sur sa place et sa pertinence. Or l'Eglise, c'est vous aussi, c'est moi, c'est nous. Si nous ne voulons pas être des personnes qui encombrent l'histoire, mettons-nous tout de suite en mouvement, allons vers les aveugles, les sourds, les boiteux et les pauvres de ce siècle qui nous attendent. Car aimer Dieu et lui obéir, c'est aussi prendre la route pour la libération de l'homme de la misère, de l'injustice et de l'oppression. Et si la peur nous étreint dans cette grande mission, armons-nous avec l'un des meilleurs boucliers de la foi qu'est le sang et le corps de notre Seigneur Jésus-Christ, en participant à la Table Sainte.

Sommes-nous à l'image du Christ qui est venu ou faut-il que le monde attende d'autres envoyés ?

Allez, et avec votre aide sous toutes les formes ici ou ailleurs, que des millions d'aveugles, de boiteux, de sourds et de pauvres de ce siècle, grâce à vous, puissent trouver ou alors, retrouver des raisons de vivre.

Amen !

2.   LE PRESENT PREPARE L'AVENIR !

Lecture biblique : Ecclésiaste 1 : 1- 3 ; Philippiens 3 : 7 – 8

Textes : Eccl.1 :1-2 ; Phil. 3 :7

Thème : Le présent prépare l'avenir

INTRODUCTION

« Quel profit l'homme tire-t-il de tout son labeur sous le soleil ? Quel avantage l'homme a-t-il au terme d'un travail long et pénible sous le soleil ? »

Cette importante question, chers amis, a été posée par un homme qui voulait partager et faire profiter ses auditeurs, des expériences qu'il a faites au moyen de la sagesse que Dieu lui a donnée.

C'est une question importante, parce qu'elle interpelle l'homme, tel qu'il est engagé dans les affaires de la vie, tel qu'il est occupé et tel qu'il s'occupe, tel qu'il est habitué au travail ou alors au non travail, tel qu'il est abonné à certaines activités qui, si souvent, le dévore.

Mais, cette question n'est pas seulement importante, elle est aussi profonde, et c'est d'ailleurs le mérite pour elle d'être posée ici, au moment où la disparition de xxx (nom) xxx nous réunit, parce que la mort finalement nous parle de la vie, tout comme la vie nous parle de la mort.

Un philosophe français d'origine russe des 19e et 20e siècles nommé **Vladimir Jankelevith** disait que *« de quelque sujet qu'on traite, en un sens, on traite de la mort... »* Autrement dit, parler de la douleur, de la tristesse ou de l'affliction qui frappe une famille, ou un individu, comme c'est le cas en ce moment, c'est en réalité poser la question de la vie de cette famille ou de cet individu, face à la question de la mort qui a pris l'un des leurs.

En effet, face à la mort de xxx (nom) xxx, ses enfants, sa femme, son mari, sa famille…, etc. peuvent aujourd'hui, ou dans un avenir proche, se demander : *« Mais, finalement, xxx (nom) xxx, quel profit a-t-il tiré de toute son activité ici-bas ? »*

Un proverbe des Basaa du Cameroun dit ceci : *« Pendant que tu manges la paume de la main du chimpanzé, regardes la tienne ! »*.

Oui. Face à la mort d'un être qui nous est cher, la question du sens de notre propre existence se pose. Elle se pose, parce que nous sommes confrontés à quelque chose d'absurde et d'incompréhensible ; elle se pose, parce qu'elle nous rappelle brutalement, violemment, sauvagement, et de façon très impolie, que notre existence a une limite, un point qu'elle ne peut éviter, un point qu'elle ne peut franchir ; elle se pose, parce qu'elle rappelle à nos cinq sens accrochés aux plaisirs de la vie terrestre que nous croyons éternelle, que nous sommes impuissants face à la mort.

C'est face à ce constat d'impuissance de l'homme devant la mort qui se présente comme la dernière note d'une partition jouée sur le piano de la vie, que l'Ecclésiaste s'était écrié : *« Vanité des vanités, tout est vanité ! »*. Mais la vanité, qu'est-ce que c'est ? Quel est son sens dans la pensée et dans le discours de l'Ecclésiaste ? L'Ecclésiaste lui-même, qui est-il ? Quel est le sens de **« TOUT »** dans la formule *« tout est vanité »* ?

Pour une meilleure compréhension de l'exposé qui suit, je vous propose, chers amis, comme sujet de réflexion, le thème suivant :

LE PRESENT PREPARE L'AVENIR !

1.   D'abord, qu'est-ce que la vanité ?

Selon la langue française, le mot vanité est un nom féminin qui a deux sens :

Sens 1 : Caractère de ce qui n'a pas de sens, futilité
Sens 2 : Orgueil.   Synonymes : importance, amour propre, présomption, suffisance.

De ces deux sens, celui qui se rapproche le plus du sens du mot Basaa « **Yañga** » qui signifie « **inutile** », c'est le premier.

Parler ainsi de vanité, revient à parler de ce qui est inutile, insignifiant, léger, illusoire et vide.

A/ Qui est l'Ecclésiaste ?

C'est Salomon, fils du Roi David, Roi de Jérusalem. Il est l'auteur de trois livres historiques :

➜   Le Cantique des Cantiques qui est une romance écrite lorsqu'il était jeune et amoureux ;
➜   Les Proverbes, recueil de maximes qu'il a rédigé quand il était au sommet de sa forme intellectuelle ;

Et l'Ecclésiaste, un ouvrage dans lequel il exprime des regrets quand, à la fin de sa carrière, il jette un regard désabusé sur les ruines de sa vie gâchée.

B/ Le sens du mot vanité dans son discours et dans sa pensée

C'est donc dans ce regard désabusé que l'on peut cerner dans le discours de l'Ecclésiaste, le sens du mot **« vanité »**.

Entre la cause et l'effet, il existe une relation traditionnelle qui amène généralement les gens à dire : *« il n'y a pas de fumée sans feu* ! » La fumée représente ici l'effet, alors que le feu, lui, représente la cause. C'est pourquoi à juste titre, l'on dit souvent qu'il *« n'y a pas d'effet sans cause »*. Un autre philosophe, **Baruch Spinoza**, précise même que *« d'une* **cause déterminée donnée, suit nécessairement un effet !** »

La logique d'une action voudrait donc, à la lumière de ce qui précède, que dans son ordre chronologique, la cause, dans l'échelle du temps, précède l'effet. Autrement dit, si la cause se situe dans le passé, l'effet serait manifeste dans le présent. Et si la cause se situe dans le présent, alors l'effet serait à rechercher dans le futur. Or, le discours de l'Ecclésiaste, change complètement cette façon de voir et de comprendre les choses.

Chez l'Ecclésiaste, la formule **« tout est vanité »** est classée dans le chapitre des effets, parce que pour lui, au terme du parcours de la vie, il y a la mort. A cause d'elle, il n'y a pas de profit, il n'y a pas d'avantages. C'est ainsi qu'avec cette nouvelle lecture de la logique de l'action, la cause n'est plus installée dans le présent mais plutôt dans l'avenir. Et c'est donc à partir de cet avenir qu'elle provoque silencieusement des effets sur les hommes dans le présent.

Pour mieux comprendre davantage, je vais parler de

1. L'action de l'avenir sur le présent ou la puissance qu'exerce la mort sur la vie!

Au soir de sa vie, le Roi Salomon était devenu triste. Face à la mort qui frappait des personnes autour de lui, il s'était mis à se plaindre. Lui qui avait eu toutes choses à sa disposition : tout ce que les richesses pouvaient acquérir, tout ce que la puissance pouvait obtenir, tout ce que la sagesse pouvait sonder et s'approprier. Il avait goûté à toutes les jouissances (pour exemple, il avait épousé 700 femmes et il avait 300 concubines, des maîtresses dans le langage actuel. 1000 femmes, de surcroît toutes des princesses, 1000 femmes pour un seul homme, excusez du peu, mais ce record me semble inégalable !) ; il avait scruté toutes les œuvres de Dieu et connu les lois par lesquelles est réglée la vie des hommes et l'ordre de l'univers. Il n'avait donc aucune raison de se plaindre du monde *(2 Chroniques 9 : 22 – 24)*.

Et pourtant, ayant réalisé en face de la mort qu'il s'était laissé piégé par la célébrité et le matérialisme, ayant réalisé que le lien invisible qui le liait à Dieu avait été rompu à cause de ses actes, et qu'il avait perdu jusqu'à l'estime du peuple qu'il dirigeait, il s'est écrié : *« Vanité des vanités, tout est vanité »* !

Oui, vanité des vanités, car l'orgueil, ce désir malade que l'homme a de vouloir produire un effet sur les autres, ne lui accorde aucun avantage, aucun bénéfice, aucun gain devant la mort.

L'avenir, à travers la mort, agit sur les hommes dans leur présent, comme une piqûre forte qui doit leur rappeler l'échéance incontournable qui vient à leur rencontre et vers laquelle ils avancent.

2.   Comment le présent prépare l'avenir ou le secret de la victoire de la vie sur la mort !

C'est en face de la mort que l'on réalise jusqu'à quel point l'on a envie de vivre. **Jean de La Fontaine** illustre cette vérité par sa fable :

<u>La Mort et le Bucheron</u>

Un pauvre Bûcheron tout couvert de ramée,
Sous le faix du fagot aussi bien que des ans
Gémissant et courbé marchait à pas pesants,
Et tâchait de gagner sa chaumine enfumée.
Enfin, n'en pouvant plus d'effort et de douleur,
Il met bas son fagot, il songe à son malheur.
Quel plaisir a-t-il eu depuis qu'il est au monde ?
En est-il un plus pauvre en la machine ronde ?
Point de pain quelquefois, et jamais de repos.
Sa femme, ses enfants, les soldats, les impôts,
Le créancier, et la corvée
Lui font d'un malheureux la peinture achevée.
Il appelle la mort, elle vient sans tarder,
Lui demande ce qu'il faut faire
C'est, dit-il, afin de m'aider
A recharger ce bois ; tu ne tarderas guère.
Le trépas vient tout guérir ;

Mais ne bougeons d'où nous sommes.

Plutôt souffrir que mourir,

C'est la devise des hommes.

Tout le monde veut aller au ciel, mais personne ne veut mourir !

Roi comme Salomon, ou bûcheron comme le pauvre de la fable, tout être humain aspire à la vie. Mais,

➢ Là où le pauvre bûcheron a fait le choix de *« s'attacher à son bois »* et de continuer à souffrir,

➢ Là où l'Ecclésiaste a fait le choix de se plaindre tout en continuant à rester attaché à la jouissance de ses biens,

➢ Bref là où les uns sont impuissants face à la mort qui vient à cause de leur *« attachement »* à leurs *« biens »,*

Paul, lui nous dévoile le secret de la victoire de la vie sur la mort ; ce secret, c'est le *« détachement »* par rapport à *« ses gains »* ; c'est son choix d'un *« attachement »* à Jésus – Christ.

En effet, face à la mort qui vient, Paul a eu devant lui, un choix à faire : s'attacher à ses gains ou s'attacher à Jésus – Christ !

A/ Le répertoire des anciens biens (gains) de Paul

1- Son identité : *« circoncis le huitième jour, de la race d'Israël »* ; juif et fier de l'être !

2- La connaissance de ses origines : *« de la tribu de Benjamin »*

3- La fidélité au patrimoine et aux richesses d'Israël : *« Hébreu né d'Hébreux »*

4-   Son appartenance à un groupe religieux pur : *« pharisien »*

5-   Son caractère irréprochable devant la Loi : *« persécuteur de l'Eglise »*

Tous ces avantages charnels reçus ou acquis, Paul y était très attaché. C'étaient à la fois des **gains fictifs**, car il croyait qu'en les conservant, il aurait le salut, mais encore, c'étaient des **gains réels**, car ces avantages lui permettaient d'avoir de l'estime et de l'admiration des autres.

B/ Jésus Christ, la « vie »

Mais, dans sa rencontre avec Jésus-Christ, Paul a compris qu'il avait fait fausse route. Il a compris qu'il avait comptabilisé et mis dans son compte en banque, des gains qui en fait n'en étaient pas. Les richesses de Paul n'étaient pas valables devant Dieu. Ce sont des choses qui avaient de la valeur aux yeux des hommes, mais qui ne représentaient rien dans l'économie des biens du Seigneur.

CONCLUSION

Chers frères et sœurs en Christ,

« La vie éternelle », disait Jésus à son Père, *« c'est qu'ils te connaissent, toi le seul vrai Dieu, et celui que tu as envoyé, Jésus-Christ »* (Jean 17 : **3)** Connaître Dieu est ainsi, une connaissance excellente, puisqu'elle sauve de la mort ! Paul a renoncé à tout pour avoir la vie éternelle en Jésus-Christ.

Connaître le Christ, c'est le seul acte dans le présent qui n'est pas une vanité, car, c'est le reconnaître et l'expérimenter comme l'unique auteur du salut. C'est donc aussi connaître la **« puissance de sa résurrection »**. Il a été livré pour nos offenses et est ressuscité pour notre justification **(Romains**

4 : 25) Par sa résurrection d'entre les morts, il a été déclaré Seigneur et Christ **(Actes 2 : 36).** Il est devenu Prince de la vie, le premier né d'entre les morts, celui qui est pour tous ceux croient en lui, la résurrection et la vie, en qui les croyants triomphent de la mort et ressusciteront un jour pour la vie éternelle.

Je vous invite donc ardemment, chers amis, à un attachement réel à Jésus – Christ, qui seul, peut nous aider dans notre présent, à poser les actes nécessaires à la victoire contre la mort à venir, et à vivre une autre vie après cette vie.

« Vanité des vanités, tout est vanité », sauf le Seigneur Jésus-Christ !

LE PRESENT PREPARE L'AVENIR !

Amen.-

<u>Passages bibliques</u> : 1 Rois 21 ; Apocalypse 2 ; 18 – 29

Thème : Fais attention à l' « esprit Jézabel » qui détruit !

INTRODUCTION

Qui a droit à une parole publique ? Tout le monde ! Qui peut parler de Dieu, de Jésus, du Saint Esprit, de l'Evangile, de l'Eglise ? Tout le monde ! Qui peut prophétiser, enseigner la Parole de Dieu, enseigner sur Dieu, enseigner sur l'Eglise… ? Tout le monde ? Ah bien sûr que non ! Dans la deuxième épitre de Paul à Timothée, du chapitre 3 au chapitre 5, il est clairement indiqué qu'aux derniers jours, apparaitront beaucoup de personnes qui vont prétendre annoncer la Bonne Nouvelle, beaucoup qui vont prétendre être au service de l'Evangile et de la propagation de la Parole de Dieu, mais qui en réalité, sont des non religieux qui sous l'apparence de la piété, renient en fait ce qui constitue la substance même de la Parole de Dieu.

Sommes-nous déjà dans ces temps annoncés par l'Apôtre Paul dans 2 Timothée ? Si nous ne pouvons répondre ni par oui, ni par non, force est de constater que l'époque actuelle voit de plus en plus des personnes occuper la scène publique, parlant de l'Eglise et au nom de l'Eglise, parlant de Dieu et au nom de Dieu, bousculant toutes les règles qui depuis toujours, encadrent la discrétion, la probité et la piété chrétiennes. Faut-il encourager où alors s'inquiéter de ces formes nouvelles d'occupation d'espace de la foi ?

Pour tenter une réponse, je me propose de partager avec vous, le contenu des deux textes lus et vous propose pour sujet de méditation et de réflexion :

FAIS ATTENTION A « L'ESPRIT JEZABEL » QUI DETRUIT !

Lorsque le Fils de Dieu s'adresse à l'Eglise de Thyatire **(Apocalypse 2 :20)**, c'est sur un ton de reproche en ces termes : ***«...ce que j'ai contre toi, c'est que <u>tu laisses la femme Jézabel, qui se dit prophétesse, enseigner</u> et séduire mes serviteurs, pour qu'ils se livrent à l'impudicité et qu'ils mangent des viandes sacrifiées aux idoles ».*** Dieu marque son refus de la prise en charge de la communication de sa Parole par n'importe qui. Ce n'est pas tout le monde qui a sa faveur pour s'adresser à son peuple. Jézabel, au sein de cette Eglise de Thyatire, prétend qu'elle est prophétesse et se donne la liberté d'enseigner, de former les serviteurs de Dieu, non pour les édifier, mais pour les induire en erreur, pour les pousser à la faute, pour les pousser à commettre le mal !

L'Eglise. Nos Eglises. Nos communautés. Ce sont les Eglise de Thyatire des temps actuels ! Secouées par l'action de Jézabel, secouées par la prétention de plus d'une personne qui s'arroge librement le droit d'agir en son nom ! ***Mais qui est Jézabel ?***

1. Qui est Jézabel ?

Jézabel, dans les écrits bibliques et notamment dans l'Ancien Testament, le Livre des Rois **(chapitre 21)**, est l'exemple de la mauvaise influence qu'une femme mariée peut exercer sur son mari. Fille du roi de Sidon, par calcul et par intérêts, elle se marie à Achab, roi d'Israël. Dotée d'une très forte personnalité, elle domine son mari et en fait ce qu'elle veut. Très méchante et particulièrement cruelle, c'est une femme qui ne recule devant rien, même le crime, pour atteindre ses fins.

Naturellement, elle a son dieu qu'elle adore, le *Baal Tyrien*, ce qui implique chez elle, une intolérance pour toute autre religion que la sienne, et explique sa violence contre les prophètes de l'Eternel, surtout le prophète Elie. Cependant, c'est le texte lu dans le Livre des Rois qui révèle ce qu'il convient de nommer, *« esprit Jézabel ! »*

2.   Qu'est-ce que « l'esprit Jézabel » ?

L'affaire de la **vigne de Naboth** est révélatrice de *« l'esprit Jézabel »*. **Naboth de Jizreel** a sa vigne à côté du palais du **roi Achab**. Ce dernier, désireux de s'approprier cette vigne, est éconduit par Naboth qui ne veut pas se s éparer de l'héritage reçu de ses pères. Triste et abattu, le roi Achab va expliquer à son épouse **Jézabel** qui se préoccupe de son état, son échange avec Naboth. Très remontée, Jézabel va promettre à son mari : *« Moi, je te donnerai la vigne de Naboth de Jizreel »* (21 : 7). Ensuite, de façon machiavélique, elle va écrire des lettres d'accusations mensongères pour faire condamner Naboth, lettres qu'elle va marquer du cachet royal et adresser aux anciens et magistrats de la ville de Naboth.

« Réunissez les gens de la ville. Publiez un jeûne ; placez Naboth à la tête du peuple, mettez en face de lui deux méchants hommes qui déposeront ainsi contre lui ; Ils l'accuseront en disant ; Tu as maudit Dieu et le roi ! » (21 : 9 – 10)

Les anciens et les magistrats vont lui obéir et faire ce qu'elle leur a demandé. Animée d'un esprit de méchanceté et de destruction, **elle fait mourir un homme qui par fidélité à son héritage, a refusé de le céder au roi.** Elle voulait qu'il meure ! Elle est parvenue à ses fins, elle a pris possession de la vigne qui ne lui appartient pas, entrainant dans son projet meurtrier, anciens et magistrats qu'elle a mis sous son influence !

Convoitise, mensonges, usurpation, meurtre, constituent ainsi les différents visages de « *l'esprit Jézabel* »

3.   Comment se manifeste « l'esprit Jézabel » dans l'Eglise ?

Aujourd'hui cet esprit se manifeste dans l'Eglise au travers de ses plusieurs membres et responsables. Aucune catégorie de l'Eglise n'est épargnée. Un membre de l'Eglise, homme ou femme, animée par « *l'esprit* **Jézabel** » peut facilement confondre le Saint-Esprit et ses émotions au point de faire preuve d'une autorité qui n'est plus spirituelle (une autorité qui ne vient pas de Dieu ou qui ne découle pas de sa Parole) mais qui est naturelle (position d'usurpation vis-à-*vis d'un autre membre, Pasteur, Ancien de l'Eglise, Diacre ou autre, qui lui* a, un ministère et devant lequel il/elle prend une position supérieure).

« **L'esprit Jézabel** » a donc un caractère d'autorité qui fait oublier à la personne qu'elle influence, qu'elle est soumise à des autorités, c'est-à-dire qu'elle est sous la mission d'autorités ! Cet esprit se manifeste par un intérêt excessif pour la gloire et la bénédiction et une tendance naturelle au mensonge et à l'usurpation de titre. « **Jézabel écrivit une lettre au nom d'Achab sans le consulter au préalable pour condamner Naboth !** »

La manifestation de « l'esprit Jézabel » dans les foyers et familles. Cet esprit se manifeste dans les foyers et les familles de l'Eglise par des concurrences, des disputes, des séparations et des divorces. Son but étant de jeter le discrédit sur l'Eglise et sur Dieu, il fera tout pour apporter des séparations et des divorces chez les chrétiens pour ainsi scandaliser les jeunes convertis et conforter ceux qui se complaisent dans le péché. Il est important de réaliser que Jézabel, adoratrice du dieu Baal, ne supporte voir personne se soumettre à un autre Dieu ! C'est ainsi que son esprit mine des foyers d'hommes et de femmes authentiquement appelés au service du Seigneur. La femme qui est influencée par cet esprit aura tendance à se recommander dans toutes les actions de son mari ou son autorité spirituelle ou légale et à prendre excessivement le devant des choses en oubliant de tenir sa place !

La manifestation de « l'esprit Jézabel » dans les structures et les Ministères de l'Eglise. *« L'esprit Jézabel »* influence plus d'un chrétien et/ou ancien de l'Eglise aujourd'hui ! On ne peut donner que ce que l'on a reçu. On ne peut pas devenir conducteur d'engin sans passer par une auto –école, au risque de mettre en danger, des vies…

Aujourd'hui pourtant, c'est chaque membre de l'Eglise qui se sent capable de prendre la place d'un pasteur ou celle d'un ancien de l'Eglise, et s'improviser administrateur ou prédicateur au sein d'une communauté. Oui, la moisson est grande mais nous devons respecter les procédés de la formation tels que Christ les a respectés *(il a mis du temps à apprendre dans les synagogues et a attendu le temps fixé avant de commencer le ministère).* C'est une autorité qui établit quelqu'un dans un Ministère. Un Ministère dans l'Eglise ne s'improvise pas. Une question vitale peut et doit être posée : *« Qui t'a établi ? »* ou   alors, *« de Qui tiens-tu ton autorité ? »* Nous devons nous inscrire à l'école de la patience et de la formation comme Christ et comme ses disciples qu'il envoya seulement après la formation, et refuser la facilité et le faire plaisir qui offre un terrain de choix à ceux qui, sous l'emprise de *« l'esprit Jézabel »,* font trembler l'Eglise dans ses colonnes que sont les chrétiens, induits constamment en erreur, et guidés vers des actes anti évangéliques lorsqu'ils n'ont pas été capables de discernement.

CONCLUSION

La Parole de Dieu accorde une importance particulière au respect des autorités quel que soit leur caractère, notamment dans le cadre de la formation et de l'action ministérielles. Elle recommande : « **Serviteurs, obéissez à vos maîtres selon la chair, avec crainte et tremblement, dans la simplicité de *votre cœur, comme à Christ...* »**

Mais cette même Parole attire notre attention face aux formes de séduction et d'usurpation qui envahissent la sphère de l'œuvre du Seigneur car, il n'y a qu'un pas, juste un seul, qui sépare le prophète de Baal et celui de Dieu. Cela exige de la fermeté et du discernement, car ceux qui veulent garder l'héritage de vérité de la Parole, connaitront les foudres de l'action criminelle de Jézabel qui agit par toutes sortes de tromperies pour atteindre ses fins.

Fais attention à « *l'esprit Jézabel* » qui détruit !

Amen.-

4. MERITES-TU LA MISERICORDE DE DIEU ?

Lecture biblique : Luc 7, 1 – 10

Texte : Luc 4b

Thème : Mérites-tu la miséricorde de Dieu ?

INTRODUCTION

Après une longue tournée qui l'avait conduit tour à tour en Samarie, où il a passé deux jours, puis en en Galilée où il a été magnifiquement reçu, ensuite à Cana où il a changé de l'eau en vin, Jésus se décide enfin à aller à Capernaüm où il avait souvent l'habitude de se rendre, où de surcroit, il était considéré comme un grand guérisseur, un thaumaturge, un faiseur de miracles.

Notre entretien de ce jour chers frères et sœurs dans le Seigneur, puise sa substance dans le texte lu, au ***verset 4*** dans sa ***partie b*** qui dit : ***« ...il mérite que tu lui accordes cela »***, à partir duquel je vous propose comme thème :

MERITES-TU LA MISERICORDE DE DIEU ?

Je suis persuadé et même convaincu que certains d'entre nous se posent déjà la question de savoir s'ils méritent cette miséricorde, ou si du moins, la peur et le doute ne les amènent pas à craindre de ne pas pouvoir en être bénéficiaires. Ces questions trouveront des réponses au cours de notre entretien. Mais au fait de quoi est-il question ?

**1- Le centenier en présence de son serviteur malade :
L'insuffisance des bonnes intentions**

Un centenier que nous pouvons comparer, sans trop nous égarer, à un officier de haut rang dans une armée moderne, avait des esclaves. Mais voici que l'un de ses esclaves, celui qu'il aimait le plus, agonisait. Il faut signaler ici que tous les évangélistes ne s'accordent pas sur l'identité de la personne qui agonisait. Pendant que **Matthieu (8 :5-13**) et Luc **(7 :1-10)** parlent d'un « ***doulos »***, un serviteur ou esclave, Jean **(4 :43-54)** parle plutôt lui, d'un « ***huion »***, d'un fils. Toutefois, dans un cas comme dans l'autre, l'état de santé de la personne malade mettait le centenier mal à l'aise. Dans notre texte, il se dégage de la relation entre le centenier et son serviteur, un type de lien étonnant, et un tableau de sentiments peu communs. Certes, nous ne savons pas ce qu'il en est des sentiments du serviteur. Par contre le centenier est mis en relief, manifestant clairement et sans équivoque, son attachement pour son serviteur. A cause de cet attachement, il veut qu'il se rétablisse, qu'il recouvre sa santé. Mais, le désirer est une chose, le réaliser en est une autre. Il veut sa guérison mais n'en a pas les moyens. Il veut venir en aide mais se trouve dans l'impasse. Il est embarrassé.

Ne sommes-nous pas comme ce centenier ? Notre société n'est-elle pas remplie de personnes semblables à lui ? Agressées au quotidien par des problèmes, par la famine, par des maladies, par plusieurs autres difficultés, des personnes, malgré toute la bonne volonté et les meilleures dispositions, malgré leur désir d'avoir des solutions adéquates, meilleures, agréables, n'en sont –elles pas moins réduites à l'évidence de leur impuissance ?   Pour autant, est-ce la fin ? Faut-il abdiquer ? L'exemple du centenier, acculé dans les dernières limites de son attachement pour son serviteur malade, toutes ses bonnes intentions et son autorité réduites en poussière, mais réagissant dans un dernier sursaut à la première occasion de salut annoncé, nous interpelle.

2- L'appel du centenier à Jésus : un acte de bonne intention et d'humilité

Il est un homme de pouvoir, disposant de serviteurs et de soldats à ses ordres. Cependant, drapé dans ses atours d'officier, sa position et son pouvoir ne lui sont pas d'un secours face à de ce serviteur qu'il aime. Il est impuissant. Et pourtant,   solution existe, une dernière. Il ne peut plus rien pour son serviteur, mais quelqu'un d'autre peut encore faire quelque chose. Et cette personne, c'est Jésus !

« akousas de peri tou Iesou » (ayant entendu parler de Jésus). Le centenier entendait parler de Jésus, de ses œuvres, de son action, de sa bonté. Mais il n'avait jamais eu à s'intéresser à lui sous une autre forme que celle du bruit et de l'écho de son nom et de ses actions.

Combien sont-ils, non membres de l'Eglise, à entendre parler de Jésus dans les médias, dans la rue, au coin d'une rue, sans toutefois s'intéresser à lui ? Combien sont-ils, membres de l'Eglise, membres dans les communautés religieuses les paroisses, les chapelles, à entendre parler de Jésus, tous les jours, tous les dimanches, sans s'intéresser à lui que l'évocation de son nom ! Beaucoup pensent pouvoir se justifier en se disant *« mais je suis chrétien !»*, *« je suis baptisé ! »*, *« je suis pasteur ! »*, *« je suis diacre ! »*, *« je suis ancien de l'Eglise ! »*… *« je suis !!! »*, *« je suis !!! »* ; Oui, c'est vrai, nous sommes ce que nous sommes ! Mais, pourquoi ce que nous sommes et fiers de l'être, et toutes nos bonnes intentions à l'endroit des souffrances des nôtres, des personnes qui ont des besoins, des personnes auxquelles nous sommes attachés, restent-elles insuffisantes et que leur situation ne change pas ?   Avons-nous mesuré la limite de l'évocation du nom de Jésus et l'insuffisance de porter son nom sur nos lèvres sans conviction ?

Le centenier, lui avait finalement conscience et réalisé qu'il avait besoin de lui, il avait besoin de Jésus. Oui, Jésus pouvait résoudre ce problème, il pouvait guérir son serviteur. Alors il s'est humilié. Il est descendu de son siège d'honneur et oubliant son rang, il est allé solliciter le concours et l'aide de *« auton presbyterous ton loudaion »* (de quelques anciens des juifs), afin qu'ils aillent *« eroton »* (prier) Jésus de venir guérir son serviteur. Quel abaissement !

Chers frères et sœurs, acceptons-nous et reconnaissons nous que quelqu'un d'autre puisse être à l'honneur en ce qui concerne les nôtres, les personnes auxquelles nous sommes fortement attachées ? Acceptons-nous que quelqu'un d'autre puisse agir pour le bien d'une personne qui nous est chère mais dont tout ce que nous sommes ne suffit pas pour lui apporter l'aide dont il/elle a besoin ?

Le centenier était passé à l'acte. Un acte de bonne intention.

3- Actes de bonnes intentions et miséricorde de Dieu

Les anciens des juifs, en présence Jésus, ont entamé leur plaidoirie en faveur du centenier. C'est eux qui vantent ses hauts faits, c'est eux qui argumentent et présentent à Jésus, les raisons qui justifient son intervention en faveur du centenier. *« Il mérite que tu lui accordes cela »*. Dans d'autres versions, les insistances des anciens sont présentées dans ces termes : *« il est digne que tu lui accordes cela »*. Mais pourquoi ces insistances ? Jésus aurait-il été réticent ? Avait – il posé aux anciens des juifs   la question de savoir pourquoi il insistait en demande en faveur du centenier, qui lui n'était pas là ? Rien dans le texte ne nous conduit à imaginer ce genre de préoccupation chez notre Seigneur. Mais, la réalité du témoignage des anciens des juifs, prouve et démontre que le centenier avait une bonne réputation.

CONCLUSION

Chers frères et sœurs en Christ,

Quelle renommée avons-nous dans nos Eglises, dans nos communautés, dans nos lieux de services, dans notre ville, dans notre pays : bonne ou mauvaise ?

Aurons-nous suffisamment du crédit auprès de Jésus, afin que nos souffrances et nos problèmes direct ou indirect, soient présentés et défendus devant son Père, à qui il dira en faveur de l'un d'entre nous : ***« Père, il mérite que tu lui accorde cela ! »***

Mérites-tu la miséricorde de Dieu ? Que le Seigneur aide chacun de nous à prendre conscience   toutes ses qualités et tous ses biens, ne valent pas grand-chose,   sinon   rien, tant qu'il n'aura pas la garanti de voir ses problèmes et ses doléances portées auprès de Dieu par le seul et vrai avocat qui intercède pour lui : JESUS-CHRIST !

Amen.-

Lecture biblique Marc 2:13-14

Texte : 2 : 14

Thème : Un appel chrétien et une réaction chrétienne changent tout

INTRODUCTION

Bien-aimés dans le Seigneur, chers amis, le texte que nous venons de lire nous fait entrer dans une partie très importante du ministère terrestre de notre Seigneur. Jésus est dans la ville de Capharnaüm où il est devenu une célébrité. Partout où il va, les gens affluent pour être témoin de ses miracles et entendre son message.

Dans ce passage particulier, Jésus marche par la Mer de la Galilée et les gens de Capharnaüm accourent autour de lui pour entendre ce qu'il dira et voir ce qu'il fera. A ce niveau, le ministère de Jésus se fait très bien. Mais, le conflit commence à se développer entre Jésus et les leaders religieux. Ils sont déjà offensés par ses actions antérieures **(Marc 2:5-12)**. Dans ces versets, Jésus a livré son identité comme Dieu en chair et en os. Les leaders juifs l'observent maintenant, essayant de trouver une certaine raison d'attaquer son ministère. Ils cherchent la faute.

A partir d'ici et jusqu'à **Marc 3:6**, il y aura une série de scandales impliquant les leaders religieux juifs et le Seigneur Jésus Christ. Il y aura des scandales sur Jésus et sa relation aux pécheurs; scandales sur le sabbat (Dimanche); et scandales sur certains Sacrements. Ces scandales culmineront avec le projet des leaders juifs cherchant une voie de mettre à mort, Jésus.

Le passage de ce jour présente des accents du premier de ces scandales. Ces versets traitent du scandale de la relation de Jésus avec des pécheurs. Au cours de ce mois, concentrerons nos échanges sur ce scandale de la relation de Jésus avec les pécheurs. Commençons donc par considérer le verset 14 avec pour thème :

UN APPEL CHRETIEN ET UNE REACTION
CHRETIENNE CHANGENT TOUT

Où et pourquoi un appel chrétien ? A qui s'adresse l'appel chrétien ?

Jésus, en marchant le long des rivages de la Galilée, a rencontré un homme nommé Levi qui travaillait au bureau des impôts. Ce qu'il faut savoir, c'est que Capharnaüm était sur le parcours des caravanes entre l'est et l'ouest, et il y avait beaucoup de trafic commercial qui passait par la ville. Les impôts étaient récoltés sur tout ce qui transitait par la ville. Les impôts étaient aussi prélevés sur le poisson qui a été devenu populaire la Mer de la Galilée.

Levi était un percepteur. Il travaillait pour le gouvernement romain, rassemblant des impôts pour l'empire. Les Romains ont inventé une part fiscale pour chaque province dans l'empire. Ils ont permis à leur noblesse le droit de prélever des impôts dans leur territoire. Cette noblesse embauchait d'habitude des gens du pays pour percevoir les impôts. Tant qu'ils respectaient le versement de leur part, Rome ne se souciait pas de savoir combien ils ont perçu. Du coup, les percepteurs étaient devenus très riches. Ils surfacturaient sur les gens du peuple, Rome était payé et eux gardaient le reste. Les gens comme Levi étaient notoirement malhonnêtes. Parce qu'il était un percepteur pour Rome, il était parmi les gens les plus méprisés en Israël, considéré comme un traître à son peuple et à sa nation. De part cette qualité, il aurait été isolé dans la communauté. On ne lui aurait pas permis d'aller au Temple ou les synagogues. Il était un réprouvé social, qui pourrait seulement socialiser avec d'autres percepteurs. Il était un homme détesté à Capharnaüm.

On peut imaginer que Levi était aussi une déception pour ses parents. Il était de la tribu de Levi et aurait été élevé pour servir dans le Temple, où il aurait été formé dans les Écritures saintes pour être un scribe. On suppose que ses parents avaient de grandes espérances sur leur fils. Qu'ils avaient espéré qu'il suivrait les pas de son père et deviendrait un homme religieux. Au lieu de cela, Levi était devenu un traître, tournant le dos à sa famille, sa nation et son Dieu.

L'homme qui est présenté dans ces versets est donc un mauvais homme. Il est souillé, méprisé, il est une déception. Autrement dit, Levi n'a rien de positif pour se recommander au Seigneur.

Et pourtant, Jésus lui ordonne, **« suis-moi »** ! Jésus lui passe une commande directe. Le verbe suivre est conjugué ici à l'impératif présent. Il s'agit pour Lévi, d'agir immédiatement. C'est un appel à quitter sa vieille vie, sa vie ancienne, pour commencer une vie nouvelle en suivant Jésus. Mais pourquoi ? Pourquoi Jésus agit-il de la sorte ? La seule réponse appropriée à cette question est: **la grâce**! Malgré son occupation, son style de vie, ses échecs et son péché, Jésus a aimé Levi et il l'a appelé à une nouvelle vie.

Bien aimés dans le Seigneur,

Personne n'est au-delà de l'espoir. Je suis sûr que la plupart des personnes à Capharnaüm avaient perdu espoir en Levi. Les bons religieux de cette ville l'avaient certainement snobé, ils l'avaient certainement ignoré et mis en quarantaine comme une cause perdue. Jésus, cependant, savait que sa vie pourrait être sauvée. Il l'a aimé malgré son passé et ses problèmes. Il a mis de côté ses péchés et lui a donné une chance d'une nouvelle vie. Personne n'est au-delà de la portée du rachat par notre Seigneur !

 Jésus sait atteindre nos personnes entêtées qu'il aime. Les parents de Levi n'avaient pas su, eux, atteindre leur fils. Face à la puissance qu'il avait par le pouvoir de l'argent, ils n'avaient trouvé aucun moyen de retenir son attention. Jésus, cependant, savait où il était et a su atteindre Levi. Un mot, un seul mot et la vie de Lévi a été changé pour toujours! **« Suis-moi »** !

Jésus a vu quelque chose en Levi, quelque chose que personne d'autre ne pourrait voir! Il est impossible de savoir ce qui se passe dans le cœur d'un individu. On peut toutefois supposer que Levi lui-même n'était peut-être pas fier de sa situation mais ne pouvait le montrer. Il devait être aussi quelqu'un de déçu, mais un déçu orgueilleux. Par contre, quand Jésus l'a appelé, il n'a pas hésité, il a laissé tout pour le suivre, pour faire chemin avec Jésus. L'appel de Jésus lui offrait une sortie honorable de cette mauvaise situation. Il a réagi comme il fallait. Il avait probablement entendu des prêches de Jésus. Il avait probablement entendu parler des miracles que Jésus faisaient, il avait certainement eu un écho sur des vies changées par le biais du contact avec le Seigneur. Il devait savoir ce que Dieu avait fait pour d'autres, et devait s'être convaincu de ce que Dieu pourrait faire pour lui. Quand Jésus est venu, l'appelant, Levi était plus que prêt à le suivre.

CONCLUSION

Chers amis, Dieu connait nos situations, il connait ma situation, il connait ta situation. Et il nous appelle en conséquence. Réagis positivement à cet appel, alors tu verras le changement dans ta vie. Si tu as des doutes, regardes ce que Dieu a fait de Saül sur le chemin de Damas. Amen.

Lecture biblique Marc 2:15

Texte : 2 : 15

Thème : Les actes d'une nouvelle créature en Christ

INTRODUCTION

Bien-aimés dans le Seigneur,

Dimanche dernier, nous avons commencé notre série d'échanges sur le scandale de la relation de Jésus Christ avec les pécheurs. Nous nous sommes quittés sur le geste de Lévi qui a suivi Jésus lorsqu'il lui a dit : *« Suis-moi ! »*

Aujourd'hui, nous allons nous intéresser à la présence de Jésus dans la maison de Lévi, avec pour thème :

LES ACTES D'UNE NOUVELLE CREATURE EN CHRIST

Bien aimés, ce qui se passe avec Lévi est quelque chose d'extraordinaire. Jésus lui a dit *« suis-moi »* ! Mais aussitôt, le premier acte de Lévi quand il s'était levé pour suivre Jésus a été d'inviter le Seigneur dans sa maison. Incroyable, extraordinaire, mais conforme à la vie spirituelle de l'époque de Jésus. Le geste de Lévi vérifie les paroles de l'Apôtre Paul lorsqu'il dit dans les Corinthiens que *« Si quelqu'un est en Christ, il est une nouvelle créature. Les choses anciennes sont passées ; voici, toutes choses sont devenues nouvelles »*

Notre texte nous dit : *« Comme Jésus était à table dans la maison de Lévi, beaucoup de publicains et de gens de mauvaise vie se mirent aussi à table avec lui et avec ses disciples; car ils étaient nombreux, et l'avaient suivi. »*

1- Levi, nouveau disciple, dans l'esprit et sur les traces du Maître

Ce verset nous présente un tableau étrange. Le Seigneur Jésus est invité dans la maison de Levi pour un dîner. Au cours de ce diner, il y a d'un côté, Jésus avec ses disciples, et de l'autre côté il y a Lévi, ses amis et associés. Parmi eux, il y a des percepteurs et d'autres appelés "des pécheurs", mot souvent utilisé pour se référer aux prostituées et à ceux qui n'avaient pas observé les règles religieuses strictes des scribes et des Pharisiens.

Levi   recevait   donc son nouveau maître dans sa maison. Mais pas seulement son nouveau maître, mais aussi et en même temps, un grand nombre de publicains et de pécheurs ! Par cet acte, Lévi manifestait directement qu'il a déjà compris et même pris quelque chose de l'esprit du Maître. Lui qui était assis au bureau de recette, lui qui surfacturait, lui qui *« suçait »* ses frères démontrait maintenant qu'il a changé ; il avait quitté *la famille des « donne-moi ! »*, *la famille des « extorqueurs »* et était rentré dans *la famille des « prends »*, dans *la famille de « ceux qui partagent »*, il était devenu un distributeur, quelqu'un qui acceptait que d'autres puissent s'asseoir à sa table. Il s'était mis à accomplir cette parole du **Psaume 112:9** qui dit : *« Il répand, il donne aux pauvres ».* En tout ceci, je vous invite à remarquer que Lévi avait posé ces actes successifs sans qu'il lui soit demandé de le faire :

- **1°/** Suivre Jésus le Seigneur,

- **2°/** Inviter le Seigneur Jésus dans sa maison,

- **3°/** Inviter et exercer l'hospitalité envers ceux de son entourage, afin qu'eux aussi rencontrent celui qui a gagné son cœur.

La vie de Levi avait changé. Cette fête, il l'avait organisé comme une occasion de dire adieu à sa vieille vie, pour *« l'enterrement de sa vie de percepteur »* et comme une occasion de présenter ses amis et ses associées à Jésus. Sa vie avait changé, et il voulait que tout le monde le sache ! Il avait commencé par se dépenser pour les autres. Il avait fait la chose qui était le plus à sa portée. Il avait utilisé l'argent injustement acquis pour permettre à ses amis de rencontrer le Seigneur, car il savait qu'eux aussi souffrent de la maladie dont lui-même avait souffert. Il avait découvert que Jésus est un donateur qui cherche ceux qui sont disposés à recevoir.

En cela, Levi est un excellent modèle pour nous. Mais avant de continuer avec quelques enseignements, regardons une nouvelle fois, Jésus.

1- L'attitude de Jésus face à l'invitation « populaire » de Lévi

A la fête organisée par Lévi, l'atmosphère était chargé, car il y avait plusieurs catégories de personnes ;

- Jésus, et ses disciples,

- Des percepteurs et des pécheurs, pleins de péchés et méprisés comme le voulait les traditions juives

- Des bonnes gens du peuple, etc.

En acceptant l'invitation, Jésus s'était projeté lui-même au cœur d'un conflit de mépris partagé. En effet, il y avait un mur de mépris entre les uns et les autres. Mais Jésus ne s'était pas seulement mis au cœur d'un conflit, *il a voulu montrer qu'il méprise le mépris,* il a voulu montrer qu'il ne repousse personne !

Lui qui guérit les lépreux, lui chasse les démons, *refuse de se soumettre à la dictature du mépris*. Non, Jésus ne veut pas se soumettre à la dictature du mépris envers les autres ! Non, Jésus ne veut pas partager, ni avec les uns, ni avec les autres, le mépris envers le prochain. Il accepte de s'asseoir à une table, non pour suivre les sentiments et les humeurs des uns et des autres qui s'affrontent et se jettent le mépris, l'intolérance et le rejet au visage, mais plutôt, il passe du temps avec eux, tous, dans un effort de les gagner, de changer leur façon de voir les autres !

Bien aimés dans le Seigneur, chers amis,

Nous devons mesurer le formidable contraste entre l'acte de Jésus et les actes de l'Eglise, nos actes…

L'Eglise aujourd'hui construit des bâtiments, élève des murs et met des enseignes puis s'assoit et attend que les personnes qui sont perdues trouvent elles – mêmes le chemin pour venir entrer. C'est ce que nous faisons, alors que Jésus, lui entrait dans les maisons pour cette œuvre de salut des âmes… Il est allé là où le perdu est, pour gagner sa confiance et changer sa vie.

CONCLUSION

Bien aimés dans le Seigneur,

Dans l'ancien Proche-Orient, manger était un événement spécial qui exprimait l'amitié et l'acceptation. Jésus a mangé avec les exclus socialement et religieusement comme un moyen d'initier un dialogue religieux avec eux. Les gens accouraient à lui parce qu'il agissait de manière différente de celle des dirigeants juifs de l'époque. Jésus ne repoussait personne. Aussi, en acceptant l'invitation de Lévi, son nouveau disciple, il montre le chemin à ses disciples. Et Levi, en invitant les autres dans sa maison, a posé des actes exemples pour nous chrétiens d'aujourd'hui.

Louons le seigneur qui n'a pas honte de s'associer à nous et allons témoigner de son amour, en allant chercher ceux des nôtres qui sont perdus pour les ramener à Christ.

Les actes d'une nouvelle créature en Christ

Amen.-

Lecture biblique Marc 2:16

Texte : 2 : 16

Thème : Les « pourquoi » du non chrétien

INTRODUCTION

Chers frères et sœurs en Christ,

Pourquoi ?   Pourquoi ?   Le texte   qui est soumis à notre partage ce dimanche, se présente sous une tonalité interrogative. Pour mieux cerner et comprendre le pourquoi de ces pourquoi, je vous invite à réfléchir avec moi sur le thème suivant :

LES « POURQUOI » DU NON CHRETIEN

Que se passe-t-il ? Dans les versets qui précèdent, il est donné de constater que Lévi, percepteur d'impôts, Juif dont l'occupation quotidienne était celle vile et scandaleuse d'un homme qui gagnait sa vie en extorquant l'argent à ses frères pour le compte des Romains détestés et pour son propre compte, que cet homme a pu être appelé par le Seigneur. Par cet appel, le Seigneur a manifesté une grâce immense, une grâce qui retire un pécheur de la place dégradée dans laquelle il se trouvait pour l'élever au rang de ses disciples. Le Seigneur a ensuite accordé une considération particulière à cet homme gracié en acceptant son invitation et en se rendant chez lui, mais cette décision d'aller diner avec une bande de pécheurs, a déclenché l'hostilité des non chrétiens

1- Qu'est-ce qu'un non chrétien ?

Pour répondre à cette question, il est plus simple de savoir ce qu'est un chrétien. Pour cela, loin des définitions que proposent les dictionnaires païens, référons nous au sens que la Bible donne au nom **« chrétien ».**

Dans le Nouveau Testament, le mot Chrétien est utilisé à trois reprises :
- d'abord dans **Actes 11 :26** où pour la première fois à Antioche, les disciples de Jésus ont été appelés « *chrétiens* », car leurs actes, leurs paroles et leur discours étaient le reflet de ceux de Jésus-Christ
- Puis, dans **Actes 26 :28** lorsque le Roi Agrippa, dernier de la dynastie d'Hérode, dit à Paul : ***« Tu vas bientôt me persuader de devenir chrétien »*** car Paul lui a demandé ***« crois-tu aux prophètes ? »***
- enfin, dans **1Pierre 4:16** qui dit : ***« Mais si quelqu'un souffre comme chrétien, qu'il n'en ait point honte, et que plutôt il glorifie Dieu à cause de ce nom »***

Si on s'en tient au premier sens donné par le Nouveau Testament, être chrétien, c'est être disciple de Jésus, c'est-à-dire être celui ou celle qui observe les enseignements de Jésus et les met en pratique.

Autrement dit, ne pas observer les enseignements de Jésus et ne pas les mettre en pratique, c'est être un non chrétien.

2- Le sens des « pourquoi » du non chrétien

Dans le monde actuel, l'appellation de ***« chrétien »*** n'a plus sa signification d'origine comme nous venons de l'évoquer. Aujourd'hui, être chrétien, c'est être religieux, c'est être une personne qui a des valeurs morales ou prétend les avoir, qui en tous cas, fait tout pour paraitre comme telle ; en ce genre de personne, il n'y a rien d'une expérience de conversion,   rien d'une transformation intérieure, rien d'une naissance nouvelle à Christ. Etre chrétien aujourd'hui ne désigne plus le vrai disciple de Jésus. Car aujourd'hui, beaucoup de personnes qui ne croient ni à Christ, ni à rien, se considèrent tout de même comme des chrétiens parce qu'ils entrent dans les temples de pierres les dimanches, parce qu'ils donnent de l'argent à l'Eglise et aident des personnes démunies. Mais tout ça ne fait pas de quelqu'un, un chrétien. Ce n'est pas le fait d'être membre d'une église, d'assister aux services régulièrement et de participer aux œuvres de l'église qui fait de nous des chrétiens.

La   preuve,   nous l'avons en direct dans ce texte. Les scribes et les pharisiens n'auraient jamais passé du temps avec des pécheurs. Ils avaient leurs lois mosaïques qu'ils observaient d'une manière stricte. Ils avaient des codes de moralité impossible à garder. Par exemple, dans le groupe des pharisiens, il y avait une catégorie connue sous le nom de **_« Pharisiens aveugles et saignants »._** Ceux qui appartenaient à cette catégorie avaient tellement peur de voir une femme et de céder à la convoitise qu'ils préféraient marcher avec les yeux bandés, tombant le plus souvent et se blessant même d'ailleurs.

Les pharisiens, c'étaient des spécialistes de la séparation et les détenteurs du meilleur culte. Dans leurs temples, ou dans leurs synagogues, il n'y avait pas de place pour les **_« hamartôlôn » (les gens de mauvaise vie_** !). Ils se considèrent tellement comme des justes qu'ils ne supportent pas la présence de ceux qui ne pensent pas, ceux qui ne réfléchissent pas, ceux qui ne partagent pas, ceux qui ne fonctionnent pas, ceux qui n'agissent pas comme eux !

Un détail, très important, est que la maison de Lévi, c'était la maison d'un **hamartôlôn.** La maison de Lévi, ce n'était pas un Temple ! La maison de Lévi, ce n'était pas une synagogue ! Et pourtant, ce jour-là, jour de fête où la grâce du Seigneur est manifestée pour lui, ce jour-là, les **« professionnels de la séparation et détenteurs du meilleur culte »** s'étaient mêlés à ceux qu'ils considèrent comme des **« gens de mauvaise vie »** !

- C'étaient des **« justes »** qui étaient venu se mêler à des pécheurs dans une maison de pécheur comme de nos jours, des non chrétiens qui se considèrent comme des chrétiens, imbus de leurs propres valeurs morales, envahissent les Eglises !
- C'étaient des **« justes »** qui avaient posé des questions non à Jésus-Christ, Chef de l'Eglise dont il est la tête, mais plutôt à ses disciples, pour les déstabiliser et semer en eux le doute, de même que dans nos Eglises, des non chrétiens sèment le doute dans les cœurs des chrétiens et des responsables dans les communautés, en évitant toute discussion avec toute personne capable de discernement

Car la question **« pourquoi »** votre Maître fait ceci ou cela, est une question, <u>comme celle du serpent à Eve,</u> qui vise à semer le doute et la confusion, à créer un rejet et une prise de distance des disciples d'avec leur Maître. Mais pourquoi ? Par orgueil et par convoitise parce que les scribes et les pharisiens ne supportaient pas l'idée qu'un **hamartôlôn** puisse trouver et d'une manière aussi simple, autant de grâce et de bénédiction qui dépassent ce que eux proposaient habituellement. Car ils avaient la ferme conviction qu'un pécheur ne pouvait être purifié que par le repentir par le biais de l'observance des règles cérémonielles qu'ils avaient mis en place. C'était donc aussi leur gagne-pain qu'ils perdaient avec cet acte de Jésus-Christ !

CONCLUSION

Chers frères et sœurs en Christ,

Les verbes *« esthiei »* (manger) et *« pinei »* (boire) sont utilisés dans notre texte au présent indicatif actif, comme pour dire que Jésus passait son temps à manger et à boire avec des pécheurs. Une manière implicite de dire que Jésus est un pécheur. Cependant, cette critique est un compliment, car si Jésus s'était assis avec des pécheurs, cela est rassurant pour ceux-ci, cela veut tout simplement dire que Dieu s'est rapproché d'eux. Jésus est l'ami des pécheurs ! Pour sauver, il faut se rapprocher de la personne que l'on veut sauver. Si quelqu'un se noie, on ne le sauve pas en criant à distance, mais on se jette à l'eau pour la saisir et la ramener.

Prions le Seigneur pour qu'il transforme continuellement nos cœurs afin que nous soyons et demeurions de vrais chrétiens, qui acceptent être des pécheurs repentants et non des justes imbus de leurs propres valeurs, des chrétiens qui acceptent le partage et ne s'offensent pas de voir Jésus entrer dans la maison d'un autre, dans la maison du prochain.

8.   PROFITE DE LA PRESENCE DU MEDECIN JESUS

Lecture biblique Marc 2:17

Texte : 2 : 17

Thème : Profite de la présence du médecin Jésus

INTRODUCTION

Chers frères et sœurs en Christ,

Ces trois dernières semaines, nous nous sommes infiltrés dans la troupe des disciples, et avec eux, auprès de Jésus, nous avons assisté à la rencontre de Jésus avec Lévi, et tout ce qui a suivi. Aujourd'hui, pour terminer avec cette partie qui présente le scandale de la relation que Jésus entretient avec des pécheurs, je voudrai attirer votre attention sur l'atmosphère, je dirai plutôt le climat médical et le discours médical qui ressortent de ce texte. Je vous propose le thème suivant :

PROFITE DE LA PRESENCE DU MEDECIN JESUS

1-   Qu'est-ce qu'un médecin ?

Un médecin est une personne habilité à pratiquer la médecine, la médecine étant la science et l'ensemble des techniques dédiées à la prévention et au soin des malades. Ce qu'il faut avoir présent à l'esprit, c'est qu'il y a autant de catégories de médecins qu'il y a différentes maladies. Autrement dit, à chaque type de malade, correspond un type de médecin et un type de traitement. Un médecin, ce n'est donc pas un amateur qui jouerait avec la vie des malades, mais c'est un professionnel, qui déjà d'un simple regard sur un malade et à l'écoute des propos de ce dernier, peut déjà dessiner son profil de santé.

2- Pourquoi profiter de la présence du médecin Jésus ?

Dans notre texte, Jésus dit : *« Ce ne sont pas ceux qui se portent bien qui ont besoin de médecin, mais les malades ».* Il répond à une critique des scribes et des pharisiens qui ont posé cette question à ses disciples : *« Pourquoi mange-t-il et boit-il avec les publicains et les pécheurs ? »*

Par son propos, Jésus se présente devant ses critiques comme un médecin. Il se présente comme le spécialiste du traitement de la maladie la plus grande dont souffrent les hommes : le péché, que dis-je, les âmes malades de péché. *« Tout être bien portant est un malade qui s'ignore ! »* Cet adage était déjà vérifié au temps de Jésus.

A l'image de ce qui se passe dans les hôpitaux où il y a des malades qui sont pris en charge par des médecins, des accompagnateurs des malades qui se sentent bien portants et dont certains parfois estiment pouvoir faire mieux que le médecin et ne comprennent même pas pourquoi d'autres ont insisté pour qu'on amène le malade là, de la même manière, ce jour de délivrance de Lévi, malade bénéficiant de l'intervention du médecin Jésus, il y avait des *« ischyontes »*, des *« bien–portants »,* des scribes et des pharisiens. C'est de la même manière aussi que dans nos églises aujourd'hui, il y a ces deux catégories de personnes qui voyagent ensemble, qui sont dans la même voiture, dans le même bateau, dans le même avion, mais chacun assis sur son siège, d'un côté, les *« ischyontes » (les bien–portants), et* de l'autre, les *« hamartôlôn » (les pécheurs).*

Les **« *ischyontes* » (les bien–portants),** *de l'église aujourd'hui, comme les scribes et les pharisiens à l'époque de Jésus, sont des personnes qui ne voient du péché que chez les autres. Ce sont des personnes qui peuvent voir les fautes des autres autour d'eux, mais sans réaliser qu'elles-mêmes ont besoin d'aide. Ce sont des personnes qui soignent l'apparence extérieure en se disant que cette manière religieuse de vivre leur garantit le salut. Erreur !*

Je connais l'histoire de deux amis dont l'un, Julien, jeune papa, avait un fils en bas âge. Son fils pleurait chaque fois au moment de faire pipi. Julien n'y comprenait rien. Un jour, excédé des pleurs de son fils, et parce que lui –même n'avait pas assez de forces, épuisé par une grippe, il a appelé son ami Nejul pour qu'il l'aide à emmener son fils chez un médecin. Ayant pris connaissance du mal de l'enfant, Nejul a dit à Julien que ce n'est pas la peine de conduire l'enfant chez un médecin, ce serait une perte de temps et d'argent. Et pour cause, l'enfant souffre de la **« *chaude pisse* »** et lui, a un traitement   efficace contre cette maladie. Julien ne s'est pas laissé prendre et sur son insistance, ils se sont rendus chez un médecin. En présence de ce dernier, le médecin a observé que Néjul avait de la peine à s'asseoir et à se déplacer normalement, avec une proéminence au niveau de ses parties génitales. Lui ayant exprimé des doutes sur sa santé, le médecin lui a proposé de le consulter gratuitement. C'est ainsi qu'après examen, il s'est avéré que victime plusieurs fois de blennorragie, Néjul faisait de l'automédication, les antibiotiques qu'il ingurgitait permettaient de tuer la douleur des émissions urinaires, mais n'empêchaient pas le développement de l'infection qui lui a provoqué une urétrite avec complication prostatique. Pas de quoi rire ! Quand on sait que nos églises sont remplies des **« Néjul »** !

Heureusement, le médecin était là ! Heureusement, Jésus est là !

3- **« Ischyontes »** et **« Hamartôlôn »**, tous les mêmes devant le médecin Jésus.

« Je ne suis pas venu appeler des justes mais des pécheurs ». Cette phrase de Jésus résonne et justifie ce propos de l'apôtre Paul : *Il n'y a point de juste, pas même un seul. (Romains 3, 10)*

Déjà dans l'évangile de Luc **(chapitre 18),** Jésus raconte l'histoire d'un homme religieux qui se croyait juste et qui se justifiait parce qu'il n'était pas comme les autres, et pour se faire, il se comparait à un pauvre homme. **Cette façon de se justifier sur le dos des autres est vicieuse. Et pourtant, elle est devenue un véritable sport dans nos Eglises aujourd'hui. On ne s'occupe que de la saleté des autres, jamais des siennes. Mais les saletés des autres ne nous blanchissent pas devant Dieu, les saletés des autres ne nous lavent pas devant Dieu. Parler des saletés des autres parce qu'on est incapable de justifier pourquoi tel ou tel autre de nos actes ne nous ouvrira jamais la porte du salut. Nous sommes tous des pécheurs.**

Conclusion

Chers frères et sœurs dans le Seigneur,

Pendant que les scribes et les pharisiens insinuaient que Jésus s'associait à des pécheurs, lui a répondu qu'il **« appelait »** des pécheurs à quitter leur état pour le suivre. Jésus a résisté à ces attaques, il a résisté à ces insinuations. Il ne s'est pas préoccupé du salissement en direct de sa réputation comme beaucoup de personne le font aujourd'hui dans les églises. Certaines personnes en effet, acceptent faire moins dans le travail que le Seigneur leur confie, juste pour plaire à d'autres et garder de

bonnes relations. **Elles passent leur temps à soigner leur « look »** !
Jésus, lui n'a pas agi ainsi. Si Jésus agissait avec ce genre de calcul, sa
mission aurait été un échec. C'est pourquoi, il a regardé les publicains, les
scribes, les pharisiens, tous comme des personnes à plaindre, tous,
comme des malades qui ont besoin d'un médecin, tous comme des
pécheurs qui ont besoin d'un Sauveur !

Quel est ton état de santé spirituelle ? Quel est mon état de santé
spirituelle ? Nous avons une chance, Jésus est là ! Un médecin qui nous
voit, un médecin qui connaît nos problèmes et qui peut les résoudre.
Profitons de sa présence et répondons oui à son appel pour bénéficier de
toutes ses grâces et changer notre condition.

Profite de la présence du médecin Jésus. Amen

9.   METTRE FIN A UNE INFIRMITE

Texte biblique : Actes des Apôtres 1 : 8 ; 3 : 1- 11

Thème : Mettre fin à une infirmité

INTRODUCTION

Chers frères et sœurs dans le Seigneur,

Le récit de la guérison d'un infirme au Temple nous montre que le mouvement d'évangélisation qui avait commencé à la Pentecôte a continué, au point de se faire ressentir jusque sur les parvis du Temple, que dis-je devant la porte du Temple. Ce mouvement d'évangélisation, de changement ordonné par Jésus - Christ, s'y était manifesté par le premier miracle de Pierre et de Jean à travers un homme, un infirme né. Tout comme la guérison de l'aveugle- né mentionné dans l'évangile de Jean, ce récit vise à révéler la raison de la venue de Jésus ici-bas : Jésus - Christ est venu pour offrir le Salut à ceux qui se reconnaissent pécheurs et perdus, et annoncer le jugement à ceux qui s'estiment justes.

Ce récit met en relief l'impuissance du clergé juif et sa jalousie de ce que d'autres puissent être les instruments de la puissance de Dieu. Plus le mouvement déclenché par Jésus prenait de l'ampleur, plus leur prestige se minait. Leur popularité était en baisse et leurs manœuvres dévoilées par la proclamation du *« Nom »* du Seigneur, ce Nom que les disciples employaient pour libérer les âmes retenues sous le joug de Satan. Le miracle qui est relaté dans ce texte souligne aussi et malheureusement à notre confusion, l'impuissance spirituelle de l'Eglise chrétienne telle qu'elle s'est organisé, et celle d'une certaine catégorie de ses membres. L'Eglise, possède l'**OR,** elle possède de l'**ARGENT**, mais elle est devenue impuissante de dire : *« Au Nom de Jésus-Christ de Nazareth, lève-toi et marche ! ».* Je vous propose pour sujet de partage, le thème suivant :

METTRE FIN A UNE INFIRMITE

Les questions légitimes sont les suivantes : qu'est-ce qu'une infirmité, comment traiter une infirmité, qui peut guérir une infirmité ? S'il est aisé de définir l'infirmité comme l'état de celui qui est infirme, et de définir l'infirme comme étant un impotent, un handicapé, la meilleure manière de comprendre et de cerner notre sujet est de revenir à la situation de notre texte.

1- Mettre fin à une infirmité demande une analyse et une connaissance approfondie de l'état du malade, de la situation et des faits qui entourent sa maladie.

Voici de quelle manière l'évangéliste Luc présente l'état de l'infirme, la situation et les faits qui l'entourent :

Les apôtres, de même que les autres personnes converties à la foi chrétienne, demeuraient des juifs pratiquants et fréquentaient régulièrement le Temple. Un après – midi, Pierre et Jean s'y étaient rendus à l'heure du sacrifice du soir. Au moment de franchir la *« Belle porte »*, leur attention a été attirée par un boiteux de naissance, qui était couché là pour mendier. La suite de la présentation met devant nous trois groupes de personnages autour desquels se déroule l'action ; trois groupes de personnages poursuivant chacun son projet. Le texte nous fournit les détails suivants :

Pierre et Jean

Ces deux forment un couple qui est mentionné cinq fois dans le passage. Aux **versets 1 – 2,** Pierre et Jean montent au Temple pour prier. La mention incessante de ce couple n'est ni gratuite, ni fortuite dans la présentation de Luc.

Qui est Pierre ? Qui est Jean ?

Commençons par Jean. Fils de Zébédée et frère cadet de Jacques le Majeur, Jean est un pécheur du lac de Génésareth en Galilée. La tradition l'identifie comme étant le disciple que Jésus aimait. Il est remarqué comme ayant toujours été aux côtés de Pierre lors des grands moments.

 En ce qui concerne Pierre, c'est un ex pécheur du lac de Tibériade, le disciple qui tient toujours la première place. Premier appelé, premier à trouver que Jésus est le Christ, le Fils du Dieu vivant, premier à être appelé par Jésus Satan, premier à renier Jésus, première **« *pierre* »** sur laquelle Jésus décide de bâtir son Eglise, etc.

Dans ce couple, se retrouvent deux tempéraments, deux statuts, deux façon d'être avec le Seigneur, mais bien que deux, ils étaient unis et étaient ensemble pour l'acte de la prière. Les deux disciples de Jésus, Jean *(celui qu'il aimait le plus)* et Pierre *(celui à qui il confie la mission de paître les brebis de son Eglise)*, s'étaient mis ensemble pour aller à la prière au Temple.

Quel contraste avec les communautés religieuses aujourd'hui, où dans certaines, dès que des personnes ont des statuts différents, le service commun auquel les uns et les autres sont appelés perd sa consistance et son dynamisme. Comme si avoir un statut différent de celui d'un autre enlève quelque chose à l'efficacité que le Seigneur met dans nos actes. *Faut-il absolument avoir le statut de Pasteur pour être un bon berger ? Faut-il absolument avoir le statut de « laïc » pour être un bon Président ?*

Déjà après la résurrection, en présence du Seigneur, Jean s'inquiétait de la présence de Pierre. Mais le Seigneur l'avait réprimandé en lui demandant ***« si je veux qu'il me suive, que t'importe ? »***

Un infirme.

Installé pour mendier. Sur le plan biologique, ***« boiteux de naissance »,*** il était frappé d'une infirmité, d'une incapacité, d'une invalidité. Il était incapable de marcher, incapable de se mouvoir, incapable de bouger. Il était donc sur place, dépendant et immobile. Sur le plan psychologique, il était soumis à une humiliation permanente. Sur le plan social, c'était un exclu qui développait une mentalité d'assisté. Inscrit dans la catégorie des faibles, il était silencieux lorsqu'**« on »** le déplaçait, lorsqu'on le transportait pour l'installer à la Porte du Temple où il n'avait pas le droit d'entrer. Il n'avait pas le droit d'entrer dans le Temple parce qu'il était considéré comme impur, parce qu'il ne remplissait pas les conditions. Il connaissait ainsi la solitude de celui qui est différent des autres au point d'être correctement méprisé. Mais, le pire pour lui est qu'il était devenu un élément du décor, l'objet d'un rituel…. ***« Chaque jour, on l'installait… ».*** Un rituel qui permettait certes de survivre, mais un rituel qui lui interdisait toute vie de relations.

« On l'installait pour demander l'aumône ». Sur le plan étymologique, cela traduit qu'on l'installait pour demander la miséricorde, la compassion, les faveurs.

-   Il demandait une relation, et ce qu'il recevait, c'est de l'argent !

-    Il réclamait un acte de rencontre, mais ce qu'il obtenait, c'était un acte de charité sans parole qui apportait peut-être aux auteurs dudit acte, la bonne conscience d'un devoir accompli !

« On »…., un « On »

Impersonnel, sans identité, sans nom, sans visage, sans parole. Pourtant, d'une activité certaine. Un *« on »,* caractérisé par une apparente solidarité. Un personnage dont l'attitude trahit une capacité, une force et une validité. Des facultés qui lui permettent de décider de l'endroit précis où doit se mettre le boiteux : à la Porte du Temple ! Il peut le faire, parce qu'il appartient à la catégorie des forts !

Mais peut-on parler de solidarité quand l'autre n'est qu'un objet qu'on porte et transporte ?

2-   Mettre fin à une infirmité passe par le contact physique et une ouverture mutuelle du malade au médecin et vice versa

Revenons à notre texte en relevant cette fois ce que font et disent les personnages, et mettons en relief les mots qui reviennent ou qui se répètent.

Au verset 3: Dans ce verset, on assiste à la rencontre physique de l'infirme avec Pierre et Jean. Cette rencontre est la copie de la rencontre initiale avec **"on"**. Ce qui est remarquable ici, c'est que cette rencontre est silencieuse, aucune parole n'est dite, aucune parole n'est prononcée, aucune parole n'est échangée. L'infirme joue son rôle à fond; il matérialise ce qu'il est: un parfait rouage, un parfait élément d'un système économique et spirituel. *Combien parmi nous aujourd'hui le sont ?*

A son actif, une seule chose: c'est qu'il **"horaô" (il "voit")** Pierre et Jean, deux juifs qui viennent au Temple accomplir leurs devoirs religieux et l'assister. On peut dire qu'en réalité, l'infirme voit....sans voir!

Au verset 4: Quelque chose de nouveau survient: Pierre et Jean **"voient"** l'infirme, le fixent et lui parle:

Pierre d'abord le **"atenizô" (le "fixe")**. **"Atenizô"** est une expression que l'évangéliste Luc emploi dans **Actes 7: 55** à propos d'Etienne qui **"fixe"** le ciel et au-delà des apparences, **"voit"** non le soleil ou les nuages, mais **"la gloire de Dieu"**!

Pierre fixe l'infirme. En le faisant, il va au-delà du masque social pour **"voir"** l'homme. Maintenant, il est prêt. Il peut alors lui parler. Et sa parole est un ordre: **"regarde- nous!"** Il ne lui dit pas **"écoute-nous"** mais **"regarde- nous"**. Il s'agit d'un appel puissant à dépasser l'enregistrement mécanique du passage des deux juifs pieux. C'est un appel à un regard-geste, un regard-action, un regard qui engage le cœur, un regard qui oriente la personne mais alors, toute la personne. Il ne s'agit pas d'un regard qui effleure l'autre, mais qui l'embrasse totalement et pleinement.

Au verset 5: Les traductions de la Bible présentent différentes versions de ce verset. La Bible Louis Segond dit **"et il les regardait"** alors que la Bible TOB traduit par **"les observait"**. Or, le terme **"epecho"** ne signifie pas regarder, ou épier. La suite du verset confirme cette interprétation car toujours dans la Bible TOB, il est dit **"il s'attendait"**. A ce niveau, le verbe qui est utilisé, **"prodoskaô",** n'est pas neutre. Car c'est un verbe qui appartient au christianisme primitif où il désigne l'espérance, l'attente du Messie qui doit apporter la délivrance.

Tout ceci nous conduit à quoi? Cette analyse nous permet de réaliser que nous sommes sortis du *domaine financier (au verset 3, il s'agissait d'obtenir une aumône)* pour rentrer dans le *domaine de l'espérance et de la vie. Il s'agit maintenant d'obtenir quelque chose, ce quelque chose, c'est* **"la délivrance".**

Ainsi, dans les **versets 4 à 5**, Pierre a posé 3 (trois) actes vis-à-vis de l'infirme:

- Il l'a regardé,
- Il lui a parlé,
- Il lui a redonné une espérance!

Pierre refuse donc la prépondérance de la finance et de l'économie sur le nom de Jésus, il refuse la prépondérance de l'argent sur l'ordre de marche au nom de Jésus. Et il accompagne son refus par un acte, par un contact physique, par un geste fraternel, en prenant **"la main droite "** de l'infirme. C'est le point, culminant, le point névralgique de cette étape. L'infirme accepte lui aussi la main de Pierre. Le contact est désormais établi. Et tout redevient possible. Le dénouement est là.

<u>Aux versets 7 et 8:</u> L'infirme retrouve la marche, c'est - à - dire, la mobilité, l'autonomie, la capacité d'initiative. Ceci se traduit immédiatement par la réinsertion, la réintégration dans le peuple. Notre texte dit: **"Il entra avec eux dans le Temple!"**

Soulignons enfin ici que la transformation de l'état de l'infirme n'est pas seulement le changement en l'envers de sa situation initiale, mais il y a un gain car, il bénéficie d'un **"surplus"**. Non seulement il **"marche!"**, mais **"il bondit"**, **"il gambade!"**, **"il saute!"**...

CONCLUSION

Mettre fin à une infirmité passe par une reconnaissance de l'identité de l'**"autre"**, de celui qui s'appelle **"le prochain"**. C'est un acte qui oblige à accepter le face à face avec l'inconnu, de reconnaître l'autre comme son semblable et non comme un objet. Beaucoup de chrétiens sont frappés d'une sorte d'infirmité à l'image de celle de l'infirme devant le Temple. Ils sont faibles, déplacés par des gens qui se fichent pas mal de savoir ce qu'ils attendent réellement d'eux.

"On" plaçait l'infirme à la porte du Temple pour lui faire profiter de la solidarité et du partage de ceux qui venaient au Temple.

⬇ Depuis toujours, plusieurs chrétiens fréquentent des Temples, mais ne sont pas encore entrés à l'Eglise de Jésus-Christ! Ils sont à l'intérieur des Temples, mais restes paralysés dans une sorte d'infirmité spirituelle. Ils maintiennent un rituel spirituel entre des murs, mais restent en dehors de l'Eglise de Jésus.

⬇ Dans leur infirmité spirituelle, ils ne font pas la différence entre le Temple (bâtiment en pierres) et l'Eglise (cette communauté rassemblée dans l'"esprit de Jésus)!

⬇ Dans leur infirmité spirituelle, ils sont à la recherche de la nourriture charnelle dans les **"Eglise - Temple"**!

⬇ Dans leur infirmité spirituelle, ils sont à la recherche de l'argent, de l'or, dans les **"Eglise-Temple"**!

D'où la paralysie! Les *"On"* qui les ont amené dans ces *"Eglise-Temple"* sont eux aussi paralysés! Et tout ce que les uns et les autres touchent et font est paralysé! Les *"Eglise-Temple",* paralysés! La réflexion, paralysée!

Pour mettre un terme à ce type d'infirmité, à cette sorte de paralysie spirituelle, comme pour l'infirme devant la Belle Porte, plusieurs chrétiens aujourd'hui dans l'Eglise et les communautés chrétiennes ont besoin de marcher, ils ont besoin de se tenir sur leurs jambes. Ils ont besoin d'une main. Juste une main, **"au nom de Jésus-Christ de Nazareth".**

Lecture biblique : Luc 14 :7-14

Texte : 14 : 11

Thème : La recette pour gagner une bonne place dans le cœur de Dieu

INTRODUCTION

Chers frères et sœurs en Christ,

Le texte que nous venons de lire est une parabole. Marc chapitre 4 verset 2 nous révèle que Jésus *« enseignait beaucoup de choses par des paraboles »* Mais **qu'est-ce qu'une parabole ?** Sans vouloir charger votre mémoire avec des questions de grammaire et tout ce qu'elle comporte, je vous dirai qu'une parabole est un procédé littéraire par lequel l'on provoque la réflexion de celui ou celle qui écoute. Et comment ? On raconte une histoire, mais une histoire fictive et au terme de cette histoire, une leçon, une vérité va se dégager et nous interpeller. Je voudrais donc partager avec vous, la leçon qui se dégage de cette parabole au verset 11, avec pour thème :

LA RECETTE POUR GAGNER UNE BONNE PLACE
DANS LE CŒUR DE DIEU

1- Qu'est-ce qu'une recette ?

En général, quand on parle de recette, l'attention est le plus souvent tournée vers le monde de la finance, le monde de l'argent, le monde des affaires.

Mais, ce n'est pas vers ce sens que je souhaite attirer votre attention. Une recette, c'est une astuce ou une technique secrète utilisé pour réussir quelque chose. Par exemple, pour la cuisson de tel ou tel sauce, chaque cuisinier ou cuisinière aura sa recette pour que sa sauce soit réussie. On peut donc parler de recette de cuisine, de recette pour gagner une course, de recette pour un amour parfait, de recette pour réussir un concours, etc.

Dans notre texte du jour, Jésus qui se retrouve dans la maison d'un pharisien, *« religieux bien portant »,* livre sa recette sur comment gagner une place auprès de Dieu. Ne pas seulement gagner une place, mais une bonne place.

## 2-	Mais quel sens donner au mot « place » ?

Dans le sens biblique, le mot *« place »* est utilisé dans le sens d'un positionnement par rapport au Seigneur, rapport au bonheur, par rapport à la Vie. Lorsqu'il vient au monde, Jésus va naitre dans une étable parce qu'il n'y avait pas de *« place »* pour ses parents et lui à l'hôtellerie. Il n'y avait pas de place prévu pour lui. Les gens du monde ont ainsi choisi leur place, leur positionnement par rapport à la Vie dont il est porteur, à la Vie qu'Il Est car il révèlera plus tard, *« Je suis le Chemin, la Vérité et la Vie ! »* Et plus encore, *« je m'en vais vous préparer des places… »*

## 3-	« Recette », « place » et « tentation » dans notre texte

Dans notre texte, oui, il y a des places, elles sont préparées, elles sont mêmes prêtes. *Mais, il ne s'agit pas seulement d'entrer et de s'asseoir, encore faut-il savoir comment et où s'asseoir ?*

Dans la maison du chef des pharisiens, Jésus observe la course aux meilleures places autour de la table, course à laquelle se livrent les invités. Rien dans leur comportement n'échappe à son œil vigilant. Jésus les voit rechercher ici la première place autour de la table, la place des honneurs, la place où ils vont piquer les meilleurs morceaux dans les plats, se servir en premiers les meilleurs vins disponibles. ***Oui, invités, ils se trahissent devant le Seigneur comme des personnes qui s'enivrent des honneurs, encore des honneurs et toujours des honneurs !*** Cette maladie des honneurs et de la course aux premières places fait des ravages dans les églises aujourd'hui. Dans toutes les rencontres chrétiennes, de plus en plus festives que cultuelles, et sur le compte du repas fraternel (agape), la guerre des places et des honneurs fait rage. ***Personne ne veut être à la dernière place, chacun veut être au premier rang, pour être bien vu, pour être bien apprécié, pour flatter son propre orgueil.*** Car c'est là qu'il trouve son bonheur, c'est là qu'il trouve sa vie.

Et pourtant Jésus recommande : ***« lorsque que tu seras invité par quelqu'un à des noces, ne te mets pas à la première place ! »*** Voilà chers frères et sœurs en Christ, voilà la recette de Jésus : L'HUMILITE ! **Etre humble, c'est donc là, la recette de Jésus pour gagner une bonne place dans le cœur de Dieu !**

Jésus recommande aux chrétiens, à ceux qui croient en lui, **la dernière place.** Invités à la fête du salut au travers de notre présence dans la maison du Seigneur, au travers de notre présence dans l'Eglise, au travers de notre présence dans nos communautés, ***apprenons à vivre l'expérience de la « dernière place »*** ! Oui, la place de l'autre est tentante, la place du Pape est tentante, la place de l'Archevêque est tentante, la place du Curé est tentante, la place de l'Abbé est tentante, la place du prêtre est tentante, la place du Pasteur est tentante, la place de l'ancien de l'Eglise est tentante, la place du Diacre est tentante !

La tentation des places, elle n'existe pas seulement dans l'Eglise. Oui le monde qui nous entoure, et qui veut nous imposer ses valeurs, ses choix, sa manière d'être et de faire est le lieu privilégié de la bataille des places. La place de Ministre est tentante, la place de député est tentante, la place de Sénateur est tentante, la place de Président de la République est tentante !

Seulement, dans le désir des premières places, sommeille l'orgueil ! Dans le désir des premières places, sommeille la convoitise. Or la combinaison entre orgueil et convoitise conduit non à la Vie, mais plutôt à la Mort !

CONCLUSION

L'Eglise est une communauté dans laquelle nous sommes invités par le Seigneur par le biais de l'Esprit Saint. C'est une maison où il y a des places, pour chacun. Des places toutes apprêtées par le Seigneur lui-même qui en nous invitant, connaît chacun d'entre nous, parfaitement, et quelle est la place qu'il lui a préparé. Comme Maitre de la Maison, il ne nous enseigne pas seulement le comportement d'invité qui nous est profitable pour gagner la place du cœur chez son Père, mais aussi, pour le temps que nous agissons en intendants à sa place, comme responsables dans son Eglise, il nous enseigne à savoir choisir les personnes que nous invitons dans sa maison. Jésus recommande, pour mieux nous former à l'école de l'humilité qui sauve, d'inviter des pauvres, des estropiés, des boiteux, des aveugles, des personnes atteintes d'infirmités physiques, mais qui peuvent aussi être des personnes physiques bien portantes mais atteintes d'infirmités spirituelles, des pauvres spirituels, des estropiés spirituels, des boiteux spirituels, ou des aveugles spirituels.

La Bible nous enseigne dans **Proverbes 25 :6** *que* *« Ne t'élève pas devant le roi et ne prends pas la place des grands, car il vaut mieux qu'on te dise « Montes ici que si l'on t'abaisse devant le Prince que tes yeux voient »*

« Celui qui s'élève sera abaissé, et celui qui s'abaisse sera élevé »

Jésus te donne une recette pour que tu gagnes une meilleure place dans le cœur de Dieu. **<u>Etre humble</u>** !

A toi d'exploiter à ton profit, cette recette.-

Amen !

Lecture biblique: Luc 19, 29 – 35

Thème: Comment prépares-tu ton entrée dans la maison de Dieu?

INTRODUCTION

Chers frères et sœurs en Christ,

La communauté chrétienne mondiale se remémore ce jour, l'entrée de notre Seigneur Jésus – Christ à Jérusalem. Aujourd'hui, c'est la fête des rameaux qui précède la fête de pâques. C'est une fête qui est en prélude de la passion que va vivre Jésus, elle est au commencement de la semaine sainte. Le récit de cette fête, sous la plume des évangélistes, a des tonalités différentes. Alors que Jean, Matthieu et Marc présente cet évènement de façon presque banale, Luc va lui, donner à cette entrée, une tonalité et une ampleur particulière. Je vous propose de découvrir quelques nouvelles réalités de ce passage avec le thème suivant :

COMMENT PREPARES-TU TON ENTREE DANS LA MAISON DE DIEU ?

Alors qu'il est en direction de Jérusalem, la ville sainte, la ville gardienne historique et symbolique de l'action de Dieu, Jésus, au niveau de Bethphagée et de Béthanie, s'arrête avec son cortège, il marque une pause. Mais il ne s'agit pas d'une simple escale, mais d'une stratégie. Avant d'entrer à Jérusalem, Jésus s'organise, il prépare son entrée. Et comment ?

1-   L'envoi de deux disciples parmi les disciples

Jésus envoie deux de ses disciples. Qui sont-ils ? Quels sont les critères qui ont conduit à leur choix pour cette mission ? Si nous ignorons leur nom et les critères qui ont poussé Jésus à les retenir pour cette mission, plus que d'autres, nous pouvons imaginer tout de même qu'ils avaient la confiance de leur Seigneur. En effet, en entrant à Jérusalem, Jésus abordait une phase décisive de sa mission. Et pour ne pas échouer, il prend des précautions. On peut imaginer Jésus, passant en revue les disciples de sa garde rapprochée, regardant tour à tour, dans les yeux, Simon Pierre, André, Boanergès Jean et son frère Jacques, tous deux fils de Zébédée, Philippe, Barthélemy, Matthieu, Simon le Cananite, Jacques fils d'Alphée, Thomas, Thaddée, et Judas Iscariot. Tous aimés par Jésus, mais n'ayant pas les mêmes tempéraments, ne réagissant pas de la même manière aux situations. Jésus les connaissait et en suivant les profils des uns et des autres, tels qu'ils sont rendus par les textes des évangiles, on peut imaginer ceux qui « certainement » n'auraient pas été retenus ! Toutefois, l'évidence pour chacun d'entre nous est qu'à un moment donné de la vie, il nous faut prendre une décision, il nous faut faire un choix, et le bon choix ! Que ce soit un choix concernant des personnes, que ce soit un choix concernant des choses. C'est un choix alors décisif car de lui, dépend le résultat. Après avoir choisi douze disciples, Jésus, pour une mission précise, va élire deux d'entre eux et les envoyer.

2-   L'ordre de mission des deux disciples

« Allez au village qui est en face ; quand vous y serez entrés, vous trouverez un ânon attaché, sur lequel aucun homme ne s'est jamais assis ; détachez-le, et amenez-le. Si quelqu'un vous demande :

Pourquoi le détachez-vous ? Vous lui répondrez : Le Seigneur en a besoin. » Un ordre de mission clair et sans équivoque.

- **Le lieu de la mission** : le village qui est en face
- **L'objectif de la mission** : détacher et un ânon et le ramener
- **Difficulté possible au cours de la mission** : la demande de quelqu'un sur la raison du détachement de l'ânon
- **Les moyens donnés aux disciples pour faire face à cette difficulté** : la Parole, le message de Jésus *(dites : le Seigneur en a besoin)*

Le Seigneur en a besoin. Ah, quelle sérénité dans ces quelques mots ! Ici, il n'y a pas d'embrouille possible dans la tête des missionnés que sont les deux disciples. Ils sont en mission pour quelqu'un, **« le Seigneur »**, et non pour eux-mêmes. L'une des maladies qui rongent l'Eglise aujourd'hui est celle des serviteurs et des servantes qui se mettent en mission pour eux-mêmes et non pour la gloire du Seigneur. Le Fils de l'Homme pourtant, est venu pour servir, et non pour être servi. Oui, la condition pour que l'obstacle soit levé au moment de récupérer l'ânon était de dire que **« le Seigneur »** en a besoin. **Ces deux disciples, envoyés, mandatés, avaient cette autorité de dire « le Seigneur en a besoin ! »** Oui, le Nom du Seigneur est une clé, une clé qui ouvre des portes, qui réduit des obstacles à néant, qui fait tomber des barrières, mais c'est une clé qui nécessite un mandat pour être utilisée : c'est le mandat de Dieu lui-même, car posséder une clé est une chose, mais savoir où et quand l'utiliser demande des indications précieuses qu'il convient d'obtenir auprès du propriétaire. Ici, l'ordre de mission était signé de Jésus.

1- L'exécution de la mission par les deux disciples

Aucune mission n'est sans difficultés, mais toute mission au cours de laquelle il y a symbiose entre le celui qui met en mission et celui qui va en mission est une mission qui généralement, est couronnée de succès. Les deux disciples avaient un cahier des charges clair. Ils avaient aussi la confiance de Jésus. Et Jésus avait confiance en eux. C'est pourquoi il les avait choisis. C'est pourquoi, ne discutant pas l'ordre de mission, ne posant pas de question à Jésus pour savoir

- Comment il sait qu'il y a un ânon attaché dans le village alors qu'il n'y est pas ?
- Comment sait-il que quelqu'un peut venir les interroger ?
- Pourquoi est-il sûr que même s'il y a un ânon, on va les laisser le ramener ?

Ils s'étaient mis en route et le texte dit : « **les envoyés allèrent et trouvèrent les choses comme Jésus le leur avait dit** » et « **ils amenèrent à Jésus *l'ânon, sur lequel ils jetèrent leurs vêtements et firent monter Jésus* »**

Ils ne se sont pas contentés d'exécuter les instructions de Jésus sans discuter, mais en en plus, ils se sont dépouillés de leurs propres biens, de leurs vêtements pour honorer celui qui a placé en eux sa confiance. Quelle démonstration d'amour et d'humilité !

CONCLUSION

Chers frères et sœurs,

Avant d'entrer à Jérusalem, Jésus s'est préparé. Il a fait le choix d'entrer dans cette ville étant porté par un ânon, par un symbole de virginité et de paix. Et pour avoir cet ânon, il a envoyé le chercher par des personnes dignes de confiance. Nous aujourd'hui, qui voulons entrer dans la maison de Dieu, comment nous préparons-nous à y entrer ? Qui est celui que nous envoyons dans la maison du Seigneur pour planifier notre arrivée et y réduire les difficultés ? Nous proclamons le Nom de Jésus et nous confessons qu'il est notre Seigneur ! Mais, avons-nous vraiment confiance en lui ? Plus encore, est-ce que Lui que nous envoyons à confiance en nous ? Peut-il avoir confiance et agir pour toi, pour moi, s'il a conscience que la mission que nous lui confions n'est pas claire au regard des symboles que portent au quotidien, nos actes contraires à la volonté de Dieu !

Jésus est le meilleur envoyé dans la maison de Dieu pour nous. Sois sincère avec Lui, conforme toi à la volonté de Dieu, gagne sa confiance et tu seras sauvé. Amen.-

Printed by Books on Demand GmbH, Norderstedt / Germany